한국 사회 빈부의식은 어떻게 변했는가

부와 빈의 정신분석

차례
Contents

들어가며 03

우리는 지금 어떤 시대에 살고 있는가 05

부와 빈의 구조적 변화 21

부와 빈의 심리적 변화 54

가난을 벗어나기 위한 심리적 대응 90

우리는 이제 어느 방향으로 가야 하는가 118

나가며 140

참고자료 142

들어가며

2015년은 광복 70년이 되는 해이다. 우리나라는 광복을 맞이한 후 세계가 놀랄 정도로 거대한 변화를 이루어냈다. 많은 사람들이 대한민국은 가장 짧은 기간에 민주화와 경제성장을 동시에 이룩한 나라라고 칭찬하고 있다. 실제로 여러 나라를 방문해보면 우리나라가 어느덧 세계가 인정하는 선진국의 반열에 올라 있음을 실감할 수 있다. 과거 최빈국으로서 다른 나라의 도움을 받던 조그만 나라가 이제는 다른 나라를 기꺼이 도와줄 수 있는 거대한 나라가 되었으니 말이다. 그런데 이상한 일이다. 많은 사람들이 오히려 살기가 예전 같지 않다고 아우성이다. 날이 갈수록 국민 총생산량은 늘어나고 있다 하는

데 삶은 대체 왜 이리 팍팍해져가는가?

이러한 의문을 품고 보니 자연히 어린 시절부터 지금까지 봐왔던 우리 사회의 부(富)와 빈(貧)에 대한 인식 변화와 현대 시장경제 체제의 대표적 모순인 빈부격차가 심화되어온 과정이 생생하게 떠올랐다. 현재 많은 사람들이 마음속으로 느끼고 있는 불평들까지, 마치 귓가에 들리는 듯 선명하게 느낄 수 있었다. 그래서 필자는 이번 기회에 우리 경제가 발전한 과정을 돌아보면서, 부와 빈에 대한 인식이 어떻게 변화되었는지를 살피고 가난을 극복하려는 대중의 심리에는 어떤 함의가 있는지 논의해보고 싶었다. 나아가 시장경제 체제에서 더 많은 사람들이 행복을 느낄 만한 복지사회의 건설을 위한 기본적인 방향에 대해서도 생각해보았다.

우리는 지금 어떤 시대에 살고 있는가

흔히 21세기를 지식정보화 시대라고 한다. 그런데 지식정보화 시대의 정치적인 밑바탕에는 자유민주주의 체제가 보편화되어 있고, 경제적으로는 시장경제 체제가 핵심을 이루고 있다. 오늘날 자유민주주의와 시장경제 체제는 이른바 경제적 선진국들이라면 거의 모두 채택하는 제도로서, 21세기에 들어와서는 몇 가지 특징적 내용을 노출하고 있다. 그 특징을 속칭 '선진국 증후군'이라고 말할 수도 있는데 요약하면 다음과 같다.

과학기술의 일상화

21세기에 들어와 고도 과학기술의 일상화는 상상을 초월할 정도로 우리의 생활을 바꾸어가고 있다. 그중에서도 대표적인 것이 인터넷의 출현이다. 1980년대에 들어서자 개인용 컴퓨터(Personal Computer; PC)가 본격적으로 널리 퍼지게 되고 그 뒤를 이어 인터넷의 일상화도 활발히 이루어지기 시작했다. 인터넷의 출현은 과거 종이나 활자의 발명 못지않게 이 지구촌의 변화를 주도했다. 인터넷을 통해 쏟아지는 정보의 홍수는 그야말로 지구촌이라는 말을 실감나게 하고 있다. 자기 안방에서 이 세상의 모든 정보를 획득하게 되었으니 말이다. 과거에는 글을 모르는 사람을 문맹자라 일컬었는데 이제는 인터넷을 사용할 줄 모르면 그야말로 문맹이 되고 만다. 그러한 시대가 된 것이다.

특히 우리나라는 세계에서도 손꼽히는 최고의 인터넷 망을 확보함으로써 지식정보화 시대의 첨단을 걷고 있다. 그 이유는 알다시피 5,000만 명의 인구가 매우 좁은 영토에서 주로 아파트 생활을 하고 있어, 인터넷 망을 설치하는 데 어느 나라보다 좋은 조건을 가지고 있기 때문이다. 이와 함께 대부분의 국민이 인터넷을 사용할 수 있는 기본 교육을 받은 것도 한국의 인터넷 보급률이 세계 최상위를 차지한 이유가 됐을 것이다. 인터넷과 함께 최근에 널리 보급되고 있는 스마트폰 역시 새로운 통신혁명이라고 불릴 만큼 우리의 생활을 급변시키고 있다. 이제는 개인용 컴퓨터를 전화기와 함께 항상 휴대하고 다니는 시대가 된 것이다. 두말할 것도 없이 스마트폰 보급률 역시 우리나라가 세계 1위를 차지하고 있다.

과학기술의 상용화·일상화는 여기에서 그치지 않는다. 이제는 아주 얇은 곡면 TV도 출시된다고 하니 집에서도 영화관만큼 큰 화면으로 3D 영상을 감상할 수 있게 될 것이다. 3D 프린터의 출현은 놀랍고도 혁신적인 기술이 아닐 수 없다. 앞으로는 곧 무인 자동차가 등장할 것이며 심지어 날아서 움직이는 자동차도 머지않아 출시될 예정이다. 이와 함께 로봇 공학의 발달도 현대 사회의 새로운 국면을 만들어낼 것으로 기대된다. 이미 의료 분야에는 로봇이 동원돼 직접 수술을 진행하고 있다. 이제 모든 어려운 일 그리고 인간이 하기 곤란한 일까지 로봇이 다 알아서 처리할 날도 머지않았다.

물론 철학적으로는 이러한 과학기술의 상용화 또는 일상화가 어디까지 진전될 수 있느냐에 관해 크게 두 가지 이론이 존재할 수 있다. 그 하나는 계속해서 과학기술의 상용화·일상화가 진전될 것이라는 견해이다. 이 주장대로라면 미래는 공상영화에서나 볼 수 있는, 상상을 초월한 과학의 시대로 변하게 될 것이다. 다른 하나는 과학기술의 일상화가 이쯤에서 주춤할 것이라는 견해이다. 이 이론의 핵심은 너무나 복잡한 과학기술의 상용화가 오히려 인간의 삶을 불편하게 만들고 인간 고유의 정신을 훼손시킨다는 데 있다. 요즈음 '슬로(Slow) 운동'에 참여한다든지 자연친화적 생활을 즐기는 사람들이 늘어나고 있는 데서도 이러한 주장의 근거를 어느 정도 찾을 수 있다. 그런데 이러한 주장과는 관계없이 여전히 문제는 존재한다. 과학기술의 일상화가 혹 여기에서 멈춘다 하더라도 이미 세상이 과거에 비해 눈에 띄게 달라졌기 때문에 세상이 다시 후퇴할 기미는 보이지 않는다는 점이다.

노인 인구의 증가

다음으로는 노인 인구의 증가를 들 수 있다. 이 역시 따지고 보면 과학기술의 발전에 토대를 두고 있다. 21세기 과학기술의 발달이 의학 분야에서 상당한 성과를 보임으로써, 여러 선진국의 국민들은 드디어 100세 시대를 살 수 있게 됐다. 과거에는 60세가 넘으면 어떠한 보험 상품에도 가입하기가 어려웠다. 그러나 장수 시대에 다다른 오늘날에는 80세가 넘어도 가입할 수 있는 보험 상품이 출시되고 있다. 60세까지 건강한 사람은 이후에 발병하더라도, 발달한 의술의 도움을 받아 사고가 없는 한 최소 20년은 더 살 수 있다는 이유 때문이다. 이제는 에이즈에 걸려도 20년은 더 산다. 암도 조기 발견만 하면 거의 완치되는 시대가 된 것이다.

우리나라도 장수 시대를 맞이한 것은 마찬가지이다. 경제협력개발기구(OECD)의 발표에 따르면 2012년 한국인의 기대 수명은 81.3세로 OECD 34개 회원국 중 13위를 차지했다. 그리고 2014년 12월 발표된 통계청 자료에 따르면 2013년에 태어난 신생아들의 기대 수명은 평균 81.9세(남자 78.5세, 여자 85.1세)로 2012년보다 0.9세 증가한 것으로 나타나고 있다.

요즘은 환갑잔치를 여는 사람은 물론, 70세가 되었다고 고희연을 여는 사람들도 거의 없다. 이제는 80세에 돌아가셔도 "조금 아쉽다"고 말할 정도이다. 그래서 요즘은 자기 나이에 0.8을 곱하면 실질적인 나이가 표시된다고 한다. 즉 현재의 80세는 불과 몇 년 전의 64세와 다름없는 나이라는 것이다. 통계청 발표에 따르면 2014년 9월, 우리나라의 65세 인구는 638만 6,000명으로 전체 인구의 12.7퍼센트를 돌파했다고 한다. 따라서 노인을 규정하는 나이도 65세에서 70세 이상으로 고쳐야 한다는 주장이 나오고 있다.

그런데 100세 시대를 마냥 즐겁게 생각할 수만은 없다는 것이 21세기 선진들의 고민이다. 왜냐하면 노동력이 없는 노인 인구가 많아지면 이들의 복지 문제도 생각해야 하기 때문이다. 평균 수명이 짧았던 과거에는 은퇴한 뒤 얼마 지나지 않아 세상을 뜨기 때문에 이들에 대한 복지가 크게 문제되지 않았다. 그러나 평균 수명이 80세가 넘게 되면 은퇴 후 적어도 20~30년을 더 살게 되니, 이에 대한 복지 정책을 세우는 것은 필수이다. 이러한 현상은 결과적으로 일하는 젊은이들의 세금 부담을 불러오므로 노인 인구 증가란 결국 젊은 층의 문제로까지 번지게 된다. 이것이 오늘날 선진국들이 당면한 현실이다.

우리나라의 최근 통계를 보니 은퇴 후를 대비해놓은 가구가 전체 은퇴자 가구의 10퍼센트도 안 되며, 은퇴 가구의 63퍼센트는 생활비조차 부족하다고 한다. 그리고 한국경제연구원의 2014년 12월 발표를 보면 소득취약 노인가구가 2006년 105만 가구에서 7년 만인 2013년에는 184만 가구로 거의 두 배나 증가한 것으로 나타나고 있다. 그러니 60세가 넘어서도 생활비 때문에 일용직 일자리라도 찾아야 할 판이다. 한 언론이 OECD의 자료에 근거하여 보도한 바에 따르면 한국 남성은 노후 대비가 부족해 은퇴 후에도 일을 해야 한다. 따라서 실질적인 은퇴 시점은 정년인 60세보다 11년이나 높은 평균 71.1세가 된다고 한다.

노인들의 사회적 고립 현상도 매우 심각하다. 2014년 통계청의 발표를 보면 전체 노인 인구 중 평균 약 25퍼센트 가량이 사회적으로 고립되어 있는 것으로 나타나고 있다. 구체적으로 74세에서 85세의 노인들은 31.9퍼센트, 85세 이상의 노인들의 고립률은 39퍼센트에 이른다고 한다. 나아가 우리나라는 은퇴 후 노후 생활에 대한 기대감도 현저히 낮은 것 같다. 2014년 11월에 발표된 한 보고서에 따르면 4개국의 은퇴 예정자 3,100명을 대상으로 조사한 결과, 행복한 노후를 보낼 것이라는 자신감 지수가 한국은 100점 만점에 20점으로 최하위를 기록했다. 이에 반해, 대만은 33점, 미국은 37점, 그리고 멕시코는 57점이었다. 고달픈 60대 이상의 사람들에게 100세 시대는 즐거움보다는 고통의 원인을 제공하고 있는 것이다.

산업구조의 변화와 새로운 노동시장

21세기 지식정보화 시대는 그간의 산업구조를 급속히 변화시키고 말았다. 과거 개발 시대의 노동집약적인 산업구조가 기술집약적인 산업구조로 변모하게 된 것이다. 이에 따라 노동시장도 변화를 거듭하고 있다. 기술집약적인 산업구조로 변화되고 나면 고용창출력이 현저히 떨어진다.

우리나라도 예외는 아니다. 한 보고서에 따르면 1993년에 제조업의 경우 10억 매출을 위해서는 11.08명의 인력이 필요했지만 2006년에는 3.66명으로, 그 필요 인력 수가 약 3분의 1로 줄어들었다는 것이다. 특히 IT 산업 인력은 약 85퍼센트

줄었으며 서비스 산업도 인력이 절반이나 줄어들었다. 이러한 상황에서는 국민소득이 올라가더라도 실업률은 줄어들지 않을 수 있다. 바로 지식정보화 시대 선진국이라면 겪게 되는 대표적인 현상이다.

이렇게 우리나라도 노동집약적인 산업구조에서 기술집약적인 산업구조로 변화되어가고 있다. 하지만 정부의 발표대로라면 한국의 실업률이 그리 심각하지만은 않다. 2014년 10월 통계청의 고용 동향 발표를 보면 실업률이 3.2퍼센트로 기록되어 있기 때문이다. 그런데 2014년부터 새롭게 발표한 '고용 보조 지표'에 따라 실업자의 범위를 좀 더 확장(추가취업가능자, 잠재취업가능자, 잠재구직자)해보니, 실질적인 실업률은 10.1퍼센트로 그 수가 약 300만 명에 육박한다. 이와 같은 집계를 더 현실성이 있다고 보면 산업구조의 변화로 인한 우리 사회의 실업 문제는 매우 심각한 상황이다.

21세기 산업구조의 변화에 따라 장년층들은 전문성 부족 또는 기업의 경쟁력 제고라는 명분으로 직장에서 밀려나고 있다. 전문화 시대임을 모두가 알고 있지만 장년들이 전문성을 키운다는 것이 그리 쉽지 않은 일이기에 새로운 직장을 구하기도 어렵다. 이와 같은 산업구조에서는 근로자의 은퇴 시점이 빨라져서 55세쯤 되면 일선에서 거의 물러나는 신세가 되고 있는 것이다. 따라서 평생직장이란 말은 오래전 이야기이고 지금은 누구라도 언제 직장을 그만둬야 할지 모르는 불안한 생활을 예외 없이 하고 있다.

더욱이 언제부터인가 기업의 경쟁력 제고라는 차원에서 정규직, 비정규직 개념이 생겨나더니 결국은 비정상적인 고용 형태 속에서 일하는 근로자들의 수가 늘어나고 있다. 우리나라의 경우 2014년 8월 통계청의 고용 동향을 보면 전체 임금 근로자의 3분의 1 정도인 약 600만 명이 비정규직으로 일하고 있다. 한국노동사회연구소의 계산에 따르면 통계청의 통계에는, '비정규직 질문 조항'에 해당되지 않는, 고용 상태가 불안하고 처우가 부실한 근로자까지 정규직으로 파악하고 있다. 따라서 600만 명 외에 통계에 해당하지 않는 비정규직 근로자가 230만 명쯤 더 있다는 것이다.

2014년 10월 통계청 자료에 따르면 일용직 근로자도 160만 명에 육박하고 있으며 시간제 근로자도 200만 명을 넘어서고 있다. 물론 비정규직과 시간제 근로자는 서로 겹치기도 할 것이다. 그런데 실제로 일용직 근로자라고 볼 수 있는 대리운전 기사, 퀵서비스 근로자 등은 특수고용 혹은 특수형태 근로자로 분류되어 일용직 근로자 수 집계에 포함되어 있지 않다. 뿐만 아니라 통계에 반영되지 않은 일용직 근로자(영화나 드라마에 출연하는 엑스트라 등)까지 합치면 그 수는 더욱 늘어날 것이다. 이러하니 근로자의 상당수는 고용이 불안한 비정형근로자로 어려운 처지에 놓여 있는 것이다.

비정형 근로자들이 처한 어려움은 그들의 임금 격차에서 단적으로 찾아볼 수 있다. 즉 전체 평균으로 보면 비정규직은 정규직의 절반 정도밖에 안 되는 임금을 받는다. 심지어 한 조사에 따르면 지난 5년간(2009~2013) 근로자 300인 이상을 고용하는 기업에서 정규직과 비정규직의 임금 격차는 무려 3.5배에서 4.2배까지 차이가 나는 것으로 나타났다. 거기에 정규직을 포함한 전체 근로자의 12.1퍼센트(8명 중 1명꼴)인 227만 명이 시간당 최저임금도 못 받고 있음이 2014년 11월 통계청 자료에도 나타났다. 이러한 자료들은 통계상 1인당 소득은 늘어가지만 실질적으로 일반 서민의 생활은 어렵기만 하다는 것을 단적으로 설명해주고 있다.

21세기는 전문 지식을 요구하는 시대이기에 젊은이들은 자신의 스펙 쌓기에 열을 내고 있다. 그런데 왜 청년 실업은 갈수록 늘어나는가? 바로 21세기 산업구조가 변했기 때문이다. 과거보다 국민 1인당 소득이 늘어났지만, 노동인구는 줄어들고 있기 때문에 각자에게 알맞은 일자리 찾기가 더 어려워졌다는 것이다.

최근 한 언론 보도를 보면 2014년 20대의 실업률이 외환위기 이후 가장 높은 9.17퍼센트에 달했다고 한다. 또한 지난 7년간 청년(15~29세) 인구가 40만 명이나 줄었는데 '니트

(NEET；Not in Education, Employment or Training)족'이라고 불리는, 취직을 포기해 버린 '자포자기형' 청년 무직자 수는 15만 명이나 증가했다고 한다. 이 15만 명이라는 수치야말로 오늘날 청년 실업의 문제를 잘 대변하는 통계이다.

빈부 격차의 심화

21세기 시장경제 체제의 가장 큰 단점으로 지적되고 있는 것은 말할 것도 없이 빈부 격차의 심화이다. 그 원인에 대한 이론(理論)은 다양하지만 상식적으로 생각하면 산업구조가 변화되면서 대기업으로 자본이 집중되었기 때문이라고 말할 수 있을 것이다. 세계화의 물결로 인해 국제적으로 경쟁력을 발휘하려면 그 분야에서 몸집이 큰 기업이 돼 있어야 한다. 그렇지 않으면 자본이 딸려 새로운 기술을 개발하기 어렵고 그 기술을 유통하기에도 벅차기 때문이다. 기업뿐만이 아니라 노동자의 경우도 기술집약적 산업구조가 고도로 발달돼 있는 상황에서라면 기술을 소유한 노동자의 수입이 늘지만, 그렇지 않은 노동자의 수입은 상대적으로 감소하고 만다.

이러한 자본의 집중과 부의 불균형은 어제오늘의 일이 아니다. 특히 이러한 불균형은 세계화의 시대인 21세기에 더욱 극명하게 나타나고 있다. 국제통화기금(IMF)도 2007년 「세계

경제 전망 보고서」에서 기술이 개발되고 경제 구역이 소멸되어 외국 투자가 소득 격차를 심화시키고 있다고 발표했다.

몸집이 큰 대기업이 버티고 있으니, 중소기업이 성장하기에는 한계가 있다. 자금이 풍부하지 않은 중소기업들은 기술 개발 등에서 경쟁력이 되지 않기 때문에 자연히 도태될 수밖에 없고, 생존하기 위해서는 대기업의 하청 공장이라는 입지라도 잡아야 한다. 중소기업은 자금력 부족으로 많은 빚을 지기 일쑤이다. 따라서 실제 이윤이 적을 수밖에 없으니 성장 자체가 어려운 것이다.

또한 우리나라의 경우 대기업들이 다른 영역으로 사업 영역을 확장해, 중소기업이 설 자리가 없다고 말하는 사람도 있다. 우리나라의 재벌 기업은 70년대 개발시대에 정부의 지원으로 큰 부를 이룰 수 있었다. 일부는 부당한 정경유착으로 부를 축적했다고 해서 그 정당성에 의문을 제기하는 이도 많았다. 그런데 21세기 시장경제 체제하에서는 재벌 그룹이 있었기에 세계시장에서 경쟁력을 가지게 되었고, 그 힘으로 국가 경제 규모가 성장했으므로 그 긍정성을 인정하자고 하는 주장도 있다. 하지만 재벌 기업이 시장을 독점하고 무차별적으로 사업 영역을 확장한 결과, 빈부 격차가 심화된 점도 분명한 사실이다. 이러한 이유로 지금 우리 사회에서는 대기업에 대한 일정한 규제와, 중소기업과 동반 성장하는 경제에 대한 담론이 서서히 나오고 있다.

요즈음 널리 읽히고 있는 파리경제대학교(EHESS) 교수 토마 피케티(Thomas Piketty, 1971~)의 『21세기 자본』에 따르면 돈이 돈을 버는 비율이 노동이 돈을 버는 비율보다 현저히 높기 때문에 부(富)가 대기업과 부자에게로 집중되는 현상이 가속되고 있다고 한다. 그리고 자본이 없는 사람들의 수입은 결국 노동에 의지할 수밖에 없기 때문에 그들은 상대적으로 빈곤해질 수밖에 없다는 것이다.

물론 피케티의 이러한 이론에 대해서는 비판이 있을 수 있다. 그 대표적인 주장으로는 어떤 계층의 수익이 올라간다고 하여 다른 계층의 수익이 줄어든다는 논리는 '제로섬 게임'에 근거한 잘못된 시각이다, 라든지 빈부 격차 해소를 위해 정부가 개입하게 되면 오히려 효율성이 떨어진다 등으로 다양하다. 어떤 학자는 소득의 불평등이 오히려 경제성장의 기본 동력이 된다고 주장하면서 피케티의 이론에 문제를 제기하기도 한다.

그런데 피케티 이론의 정당성 여부를 떠나 21세기 시장경제 체제하에서 빈부 격차의 심화 그 자체를 부정할 수는 없을 것이다. 우리나라에서도 재벌 기업과 상위 계층으로 집중되는 부의 쏠림 현상이 분명하게 나타나고 있다. 2011년 말 OECD가 발표한 보고서에 따르면 속칭 선진국으로 간주되는 34개의 회원국에서 상위 10퍼센트의 부유층 소득은 하위 10퍼센트를 차지하는 빈곤층 소득의 평균 9배를 넘어서고 있다. 한국·독일·일본 등은 10배이며, 이스라엘과 미국은 14배, 칠레와 멕시코는 25배에 달하니, 시장경제 체제에서 벌어지는 빈부의 격차를 실감할 수 있다.

우리나라의 경우 다른 통계들을 통해 이러한 빈부 격차를 더욱 실감할 수 있다. 예를 들면 우리나라 4대 기업의 매출액이 우리 국민 총생산량의 53퍼센트를 차지하고 있다고 한다. 물론 매출액을 단순 논리로 국민 총생산량과 비교할 수는 없다.

그러나 매출 자체가 그렇게 많다는 점 하나만으로도 부의 쏠림 현상을 실감할 수 있다. 실제 기업의 매출액만 본다면 2011년 기준 제조업의 경우, 상위 10대 기업이 차지하는 매출 비중이 36.7퍼센트이다. 그리고 10대 재벌 그룹 상장사들이 국내 증시 시가총액의 절반 이상을 차지하고 매출도 전체 상장사의 절반이 넘는다. 또한 2014년 10대 재벌 기업이 소유한 토지는 여의도 면적의 62배에 달하는 것으로 나타났다.

법인세나 소득세로 따져도 부의 집중 현상은 확연히 드러난다. 기업경영 성과 평가기관인 CEO스코어에 따르면 2008년부터 2012년까지 5년간 한국의 각종 경제 지표에서 우리나라 2대 기업이 내는 법인세가 전체 법인세 세수의 21퍼센트를 차지한다.

나아가 2012년 국세청과 통계청 자료를 분석하면 미국의 경우 상위 1퍼센트가 전체 국민소득의 17.7퍼센트를 차지해 그 비율이 OECD 주요 16개국 중 1위이다. 우리나라는 소득 상위 1퍼센트가 전체 국민소득의 16.6퍼센트를 차지하여 2위를 기록하고 있다.

이 자료에서는 우리나라의 경우 소득 상위 1퍼센트가 내는 소득세가 전체 국민이 내는 소득세의 43퍼센트나 차지하고 있는 것으로도 나타나고 있는데, 영국(24퍼센트)이나 미국(40퍼센트)보다 높은 수치이다. 게다가 우리나라 상위 18퍼센트의 근로자가 내는 소득세는 전체 근로자가 내는 소득세의 92퍼센트를 차지하고 있다. 물론 구조상 소득이 많을수록 소득세율이 높아지기 때문이라고는 하지만, 소득 불균형이 너무나 심각한 상황이다.

21세기 시장경제 체제에서 부의 쏠림 현상은 그 원인이 어디에 있건 객관적 사실이다. 1인당 국민소득이 3만 달러가 된다 해도 다수의 사람들이 상대적 빈곤을 감수할 수밖에 없는 것이다. 상대적 빈곤이란 말을 사용한 이유는 설령 과거보다 생활이 나아졌다 해도 부는 소수 부유층에 쏠려 있기 때문에 대다수의 사람들이 심리적 빈곤감을 느끼기 때문이다.

필자는 이러한 현상을 "밑이 넓은 에펠탑 꼴"에 비유한다.

이는 하위 저소득층은 한없이 넓게 퍼져 있어 대다수인 반면, 상위 고소득층은 극소수여서 수입이 저소득층에 비해 현저히 높다는 것을 나타낸 표현이다. 그리고 중간 부자의 수 역시 적지만 최고의 부자는 그보다 더 소수로, 수입은 중간 부자와는 비교도 안 될 정도로 많음을 의미한다. 한마디로 중산층이 사라져버렸다는 얘기이다. 바야흐로 21세기는 이탈리아의 경제학자인 파레토(Vilfredo Pareto, 1848~1923)가 말한 '2080'의 의미가 경제적 계층구조에 제대로 부합하고 있는 시대라고 할 수 있다.

부와 빈의 구조적 변화

한국 사회는 광복 70년을 맞이하는 동안 세계에서도 그 예를 찾을 수 없을 정도로 급속한 경제 발전을 거듭해왔다. 이는 말할 것도 없이 자유민주주의와 시장경제 체제를 유지해온 결과이다. 한마디로 한국 현대사는 시장경제 체제가 겪어온 과거를 압축적으로 들여다볼 수 있는 실험실 또는 박물관의 역할을 해온 것이다.

그렇다면 그간 경제적 발전을 통해 한국 사회에서 부와 빈의 형태와 의미는 어떻게 변해 왔을까?

미개발 사회의 원초적 가난

우리 사회는 해방 후 1960년대 초반까지 전형적인 농업사회의 속성을 벗어나지 못했다. 때문에 당시의 부자라 하면 대개가 지주였다. 해방 후 농촌 지역에 있는 상당수의 지주들은 많은 농작물을 가지고 있었기 때문에, 대부분 자기 고향에서 정미소를 운영하곤 했다. 양조장을 보유한 대농들도 꽤 있었다. 지금은 기업화되어 있지만 그때는 마을마다 정미소나 막걸리 만드는 양조장이 따로 있었다. 이처럼 시골 부자들은 농사 이외에 정미소와 양조장을 운영하면서 나름대로 자신의 부를 통한 영향력을 과시했다.

당시 부잣집 주인들은 중절모를 쓰고 두루마기를 입었으며, 구두를 신고 지팡이를 들고 다녔다. 여성들은 할머니의 경우 대개 쪽머리를 하고 비단옷을 입었으며 일부 젊은 부인들은 신식 파마와 화장을 한 모습이었다. 양장을 한 부잣집 아낙은 많지 않았다. 시골에서는 대부분 한복을 입었기 때문이다. 부자들은 당연히 쌀밥에 고기는 물론 별식에 이르기까지 먹는 것에 구애받지 않고 살았다. 그리고 소수에 불과하지만 몇몇 집에는 전화기까지 설치되어 있었다.

당시의 시골 부자 중에는 가난한 사람들에게 선의를 베푸는 마음 좋은 사람도 있었지만, 대개는 자신의 소작농이나 일꾼들에게 관대하지 않았다. 그러니 땅 없는 대다수의 소작농과 일꾼들은 땅 주인의 눈치를 보기에 바빴다. 그들에게 불평한번 못 하고 쩔쩔매며 살 수밖에 없었던 것이다. 자식들의 상급 학교 진학은 엄두도 못 냈고, 대를 이어 부잣집 머슴살이라도 해야 겨우 먹고살 수 있었던 것이다.

농촌에 사는 가난한 사람들의 경우는 이러했다. 겨울에는 무명옷, 여름에는 삼베옷을 주로 입었는데 그것도 다 낡아서 지금 같으면 아무도 입지 않을 옷이었다. 신발은 말할 것도 없이 모두 검정 고무신을 신었고, 개중에는 신발 없이 살아가는 사람도 있었다. 옷이 부실하니 겨울이면 얼어 죽는 이도 많았다. 너무 추우면 옷에 솜을 넣어 입는 것이 고작이었다. 어떤 이들은 그나마 집어넣을 솜마저 없어, 무명옷을 몇 겹씩이나 껴입고 다녀야 했다. 제대로 된 내의를 사 입는다는 건 매우 어려운 일이었고 주로 군수품이나 원조물자로 나온 걸 입었는데 그나마도 흔치 않았다.

먹는 것도 부실했다. 보리밥이라도 삼시 세끼 먹은 사람들은 많지 않았다. 많은 사람들이 여름에는 감자, 겨울에는 고구마 등으로 대충 점심을 때웠다. 고기는 명절에나 한 번 구경할 정도였다. 당시 국민학교(지금의 초등학교)에는 점심을 못 가져온 학생들이 많았다. 점심을 가져온다 하더라도 도시락이 없어 밥그릇에 고구마 몇 개를 넣어온 학생들이 대다수였다.

가방도 없어서 대개가 보자기에 책과 도시락을 싸서 허리에 메고 학교에 다녔다. 그리고 여름이나 돼야 냇가에서 목욕을 할 수 있었다. 집에 목욕탕을 만든다는 건 상상도 할 수 없는 일이었다.

기억을 더듬어보면, 시골 초등학교에서 한 반에 있는 6학년생이 자기 관할 군내에 있는 중학교에 진학하는 경우는 결코 많지 않았다. 외지 유학은 언감생심이었다. 대부분의 학생들이 부모를 따라 일하면서 사춘기를 보냈다. 6학년 때 가는 수학여행도 그리 많은 수가 가지 못했다. 어느 부모는 자녀의 중학교 진학을 포기하는 조건으로 수학여행을 보내주기도 했다. 옷 한 벌 사준 대가로 수학여행과 중학교 진학을 포기시킨 부모도 있을 정도였다.

도시의 경우는 1960년대부터 인구의 유입으로 인해 급격히 발전하기 시작했다. 이는 농촌 생활의 어려움을 극복하기 위해 도시로 몰려든 시골 사람들 때문이었다 해도 과언이 아니다. 농촌에 있으면 소작은 물론이고 몇 마지기 논 가지고 농사를 지어봐야 아이들 교육은 엄두도 못 냈다. 이러니 막노동이라도 하는 게 더 나을 거라는 생각이 들어 많은 이들이 도시로 몰려들었다. 자신들이 짊어진 가난의 굴레를 대물림하지 않으려면 자식을 교육시켜야 한다는 일념을 지닌 사람들이었다.

도시에 사람이 몰리니 여러 가지 사업이 등장했는데, 그중에서도 극장 사업을 하는 이들이 대표적인 부자의 반열에 올랐다. 그리고 교통수단의 필요에 따라 시외·시내버스 운영자 중 일부도 부자의 대열에 합류할 수 있었다. 또한 상업이 발달하면서 도매를 주업으로 하는 대상(大商)들도 생겨났다. 도시가 발달함에 따라 일부 시골 지주들도 미래를 내다보고 땅을 팔아 상업에 뛰어들거나, 그 밖에 다른 사업을 더 크게 벌이기도 했다.

당시 도시노동자란 대개가 지금의 일용근로자들이었다. 역이나 버스 터미널, 도매상 또는 시장에서 짐을 옮기거나 물건을 나르는 짐꾼들이 바로 도시노동자였다. 일부는 재래시장에서 조그마한 점포 하나 얻어서 장사를 하기도 했다.

취직 자리는 매우 제한되어 있었다. 공무원이나 은행원이 된다는 건 고급 직장에 취직한다는 뜻인데, 다수의 배우지 못한 사람들에게는 그림의 떡이었다. 지금처럼 체계를 갖춘 중견 기업들이 많지 않았기 때문에 취직이란 대개의 경우 작은 공장에서 일하게 되는 것을 의미했다. 공장에서는 일하게 해주고, 먹여주고 재워주는 것 외에 별도의 임금이란 생각조차할 수 없었다.

설령 별도의 임금이 있다고 해봐야 용돈 정도를 주는 수준이었다. 공장이란 대개가 봉제 공장이나 인쇄소, 철공소 또는 가구 제작소 등을 말했고, 작은 규모로는 빵 공장, 비누 공장 등이 있었다. 그나마 거기에도 취직하지 못한 사람들이 중국집이나 조그마한 식당의 종업원이나 배달원으로 일해야 했다.

「전자신문」이 2002년 창간 20주년을 기해 발표한 한국 사회의 시대별 직업 분류를 보면 매우 흥미롭다. 이 발표에 따르면 1950년대에 제1차 산업인 농업이나 수산업에 종사하는 사람이 인구의 80퍼센트이고, 기타 근로자로는 굴뚝청소부가 주류를 이루었다. 따라서 이 시기를 "굴뚝청소부의 시대"라 표현하고 있다. 1960년대에 들어와서야 비로소 기능공, 공장 노동자가 새로운 직업인으로 등장한다는 사실도 밝힌다.

이처럼 어려운 생활 속에서도 도시노동자들은 시골 일꾼들보다는 조금 더 배불리 먹으며 살 수 있었다. 최악의 경우 배달을 하더라도 식당에서 일하는 것이니 끼니는 챙겨 먹을 수 있었기 때문이다. 옷도 일반적인 시골 농부들보다는 따뜻이 챙겨 입을 수 있었다. 도시에서 생활하다보니 무명옷에 삼베가 아닌 신식 점퍼와 바지를 입는 게 더 자연스러워졌다. 아울러 시간이 갈수록 도시로 몰리는 농촌 사람들의 수는 점점 많아졌다.

이런 과정에서 1964년부터 1973년까지 이어진 월남 파병은 한국 사회에 큰 영향을 미쳤다. 월남에 파병된 군인들이 본국의 가족에게 부친 돈과, 한국의 건설사들이 월남의 건설 사업에 참여해 벌어들인 돈 덕분에 국가적인 부를 상당히 축적할 수 있었다. 나아가 월남전은 한국에 건설업과 무역업이 새롭게 자리 잡을 수 있도록 한 계기가 되었다.

대표적인 예로 경부고속도로를 시공한 현대건설이 있다. 경부고속도로는 1968년 초에 착공되어 1970년 중반에 왕복 4차선이 완공되었다. 이것은 한국 사회가 농업국가에서 산업국가로 변모해가는 데 있어 실질적인 출발점이 되기 때문에 의미가 깊다.

한 조사에 따르면 월남 파병 기간인 1965년부터 1973년까지 한국군이 미국으로부터 받은 전투 수당은 총 2억 3,500만 달러였는데, 그 가운데 83퍼센트에 달하는 1억 9,500만 달러가 국내로 송환되었다고 한다. 우리 파병 용사들은 가족을 위해 자신의 전투수당 거의 모두를 고향으로 보냈던 것이다.

당시 군인과 기술자들이 한국으로 보낸 송금액은 한국의 국민소득 증가분에서 상당한 비율을 차지하고 있었다. 그 비율은 1967년에는 9.0퍼센트, 1968년에는 7.2퍼센트, 1969년에는 5.8퍼센트에 달했다. 그 무렵 국내의 경제활동 인구가 약 900만 명쯤 됐던 것으로 보고되고 있는데, 그중에서도 약 7퍼센트밖에 되지 않는 파병 군인과 파견 기술자들이 담당한 소득 증가분이 전체 경제활동 인구의 2배에 달했다.

또한 1964년부터 시행된 독일 광부 파견과 1966년의 독일

간호사 파견은 그들의 가정에 경제적으로 큰 도움을 주었을 뿐만 아니라 국가 경제가 발전하는 데도 중요한 역할을 했다. 독일 광부 파견은 1963년 한국노동청과 독일탄광협회의 협정으로 이뤄졌으며 파견 인원 500명 모집에 무려 4만 6,000명이 지원했다고 한다. 계약 기간 3년에 월급은 600마르크(160달러)로 매우 높은 수입이 보장됐기 때문이다. 간호사의 경우 1966년부터 1976년까지 약 1만여 명의 인력이 독일로 파견되었는데, 이들이 해마다 약 1,000만 마르크 이상의 외화를 벌어들였다고 한다. 이를 계기로 한국 정부가 독일로부터 도입한 차관이 한국의 경제가 발전하는 데 큰 역할을 했다고 할 수 있다.

경제개발 시대로의 진입

월남전을 거친 후 1970년대에는 농촌에도 변화가 나타났다. 이러한 변화를 이끈 것은 바로 새마을운동이다. 정부가 주도하고 주민들이 참여한 새마을운동을 통해 농촌의 주택과 도로가 개량되었고, 농작물 수확량을 높이기 위한 다양한 기술이 농민들에게 전수되었다. 또한 수리사업은 다목적 댐을 건설하고 수로를 개선시켜 큰 발전을 이뤘다.

과거의 시골 논은 대부분 천수답(天水畓: 농사에 필요한 물을

빗물에만 의존해 재배하는 논—편집자 주)이어서 조금이라도 가뭄이 들면 수확량이 눈에 띄게 줄었다. 거기다 수리 관리가 제대로 되지 않으니 홍수가 나면 농작물이 모두 떠내려가버렸다. 그러나 정부 주도의 수리 사업은 천수답의 이러한 문제를 충실히 개선했다. 그러자 자연히 농작물의 수확량이 늘고 농업이 안정화됐다.

실제로 5·16혁명 이후 정부는 농기구를 기계화하고 벼의 품종을 개량하는 데 많은 힘을 썼다. 그 결과 1970년대부터 보급한 '통일벼' 품종의 수확량은 과거에 비해 한결 증가했다. 이와 함께 오직 사람과 가축의 힘에만 의지했던 농사일이 농기구 등이 보급되면서부터 기계화되어갔다. 이처럼 벼품종 개량과 농기구 동력화로 1970년대의 농산물 생산량은 1960년대의 2배에 달했다. 이제 농촌에도 밥을 굶는 사람들의 수는 현저히 줄어들었다.

1970년대 도시도 엄청난 변화를 가져왔는데 그 핵심은 '경제개발 5개년계획'이라고 할 수 있다. 5·16 이후 1962년부터 실시된 경제개발 5개년계획 중 제1·2차 계획은 경제 자립이 목표였지만 1972년부터 실시된 제3차 계획은 경제 규모를 확대하는 데 초점이 맞춰져 있었다. 이는 월남전 특수로 인해 대규모 공장이 여기저기 설립되고, 다양한 지역들이 개발지역으로 지정되고 발전했기 때문이다. 이러한 개발에 따라 제일

먼저 나타난 현상은 바로 땅값의 상승이었다.

도시에 사람이 몰리고 건설 붐이 일어나니, 예상 개발지를 선정하여 땅을 구입하면 개발이 확정된 후에는 땅값이 몇 배나 올라갔다. 개발 예정지는 일반인들조차 충분히 예상해낼 수 있었다. 당시는 거의 모든 곳이 개발 대상 지역이었기 때문이다. 따라서 일반인들도 약간의 자금만 있으면 땅을 구입하려 했고 그것으로 큰돈을 벌 수 있었다.

또 저렴한 땅을 사서 소규모 주택을 건설한다 해도 상당한 돈을 벌 수 있었다. 조금만 머리를 쓰면 되는 일이었다. 그러다 보니 이른바 '땅장사'들이 쏟아지기 시작했으며 이들의 사업을 부풀려 소개하는 중개업자들까지 나타나 사람들의 사행심을 부추겼다. 별 가치가 없는 땅을 헐값에 사들인 후, 곧 개발될 것이라는 소문을 내어 비싼 값으로 파는 사람들 때문에 손해를 입는 사람들도 있었다. 앞서 「전자신문」을 통해 살펴봤지만 그 당시의 업종별 변화를 나타낸 통계에 따르면, 1970년대는 '산업 진전기'로 명실공히 건설노동자의 시대였던 것이다.

1970년대는 이름하여 '재벌 기업'들이 자신의 입지를 확고히 다지는 계기를 마련한 시기이기도 했다. 1960년대까지는 삼성, 삼양, 럭키, 대한, 동양, 화신 기업이 상위 그룹을 형성하면서, 방직 공업과 유통업이 산업의 주류를 이루고 있었다.

그러나 월남전을 거치면서 많은 것이 바뀌었다. 삼성과 럭키는 나름대로 그들의 지위를 계속 지켜나가고 있었다. 하지만 어느 순간 용역업과 건설업, 무역업을 틀어쥔 기업―현대, 한진, 효성, 쌍용, 대우, 동아건설 등―이 재계의 상위 그룹으로 새로이 등장하기에 이르렀던 것이다.

이때부터 무역이 본격적으로 활성화되자 정부는 적극적으로 수출 진흥정책을 펼쳤다. 바이어로부터 신용장(L/C)만 받아오면 수출입은행에서 이를 담보로 물건을 생산할 비용을 대출할 수 있게 했다. 이제 돈이 없이도 수출 사업을 할 수 있게 된 것이다.

이런 정부의 지원을 이용하여 어떤 업자들은 수출입은행에서 대출한 돈으로 땅을 사서 크게 이익을 남기기도 했다. 수출해서 번 돈보다 땅 투기를 통해 번 돈으로 부를 축적한 경우도 적지 않았던 것이다. 물론 가짜 신용장 사건이 터져 문제가 생긴 기업도 있었다. 그리고 1970년대 후반부터는 개인적으로 수출을 알선하는 이른바 오퍼상들도 여기저기서 생겨나기 시작했다.

제3차 경제개발 5개년계획의 시행과 함께 중동의 오일 달러를 확보하기 위해 건설 인력들을 내보낸 사실도 언급하지 않을 수 없다. 파견된 건설근로자들이 1975년부터 1979년까지 중동에서 벌어들인 205억 달러에 이르는 돈은, 이 기간동

안에 한국이 수출하여 벌어들인 총액의 40퍼센트에 달했다고 한다. 그러니 파견된 근로자들은 자신의 가정 경제는 물론 국가의 경제 발전에도 큰 역할을 한 것이다. 한 자료에 따르면 중동 건설근로자들의 파견이 절정에 치닫던 1978년에는 약 14만 명이 중동에서 일하고 있었다고 한다. 그 결과 한국은 1979년부터 1981년까지 세계적으로 이어진 제2차 오일쇼크를 비교적 원활하게 극복할 수 있었다.

중산층의 형성

1980년대에는 시골의 생활환경도 좋아졌다. 기계화가 상당한 수준까지 진행되어 농작물의 생산량이 늘어났다. 일부 사람들은 트랙터와 기계화된 농기구를 사용하여 농지 소유주들의 농경지를 경작해주기 시작했다. 그리고 지주에게 수익 일부를 주고 자신이 나머지 일부를 가지는 형태를 취해, 마치 기업처럼 농사일을 운영하는 사람들도 나타났다. 이는 논 50~100마지기(1~2만 평)를 극소수의 인원으로도 충분히 경작할 수 있을 만큼 기계화가 진전되었음을 의미한다.

이렇게 될 수밖에 없었던 또 다른 이유는 앞서 지적했듯 농촌 인구가 도시로 유입되면서 농사지을 사람들이 턱없이 부족해졌기 때문이기도 했다. 그리고 시골에 남아 있는 일부 농민들은 비닐하우스를 이용해 각종 농작물들을 경작한 덕분에 도시인들도 계절에 관계없이 다양한 채소와 과일을 구입해 먹을 수 있었다. 비닐하우스 농사를 하는 농민들로서는 의미 있으면서도 전에 없던 수익을 올리게 된 것이다.

이즈음 도시의 생활환경도 이전에 비해 훨씬 나아졌다. 개발 붐이 일어 도시 서민들도 나름의 부를 축적할 수 있게 되었다. 대부분이 아파트 값이 상승해 발생한 수익 덕분이었다. 1980년대부터는 도처에 아파트 개발 사업이 진행되었다. 이에 따라 도시 서민들은 집 없는 설움을 이겨내려고 새로 지은 아파트를 청약하기 시작했다. 일단 당첨만 되면 즉시 '프리미엄(Premium)'이 붙어 서민들은 큰 이득을 볼 수 있었다. 은행에서 융자를 해 사더라도 이자보다 아파트 값 상승률이 훨씬 높았기 때문에, 너도 나도 아파트 청약에 신경을 쓰게 된 것이다.

또한 현대자동차 공장이 가동되면서 서민들은 마이카 시대의 '마이카'를 꿈꾸기 시작했다. 1970년대에는 10만여 대에 지나지 않았던 자동차가 1980년에는 50만여 대, 그리고 1985년에는 100만 대로 늘어났다. 이제 일반 서민들에게도 내 집 마련의 기회가 많아졌으며, 자가용 소유도 꿈만은 아닌 세상이 된 것이다.

도시에는 주유소가 유행이라도 하듯 여기저기 생겨났는데 이것 역시 차량의 수가 증가한 결과였다. 당시 유류 사업은 돈을 벌어들이는 미래지향적 사업으로 인식되기도 해서, 1990년대에 이르러서는 수많은 주유소들이 전국적으로 우후 죽순처럼 생겨나기 시작했다.

이러한 상황에서 1980년대 중반부터 우리 사회에는 이른 바 중산층이라 할 수 있는 계층의 범위가 확대되기 시작했 다. 과거 소수의 지주(地主) 그리고 대기업의 사주(社主)를 제 외한 일반 서민들 중에도 "나도 이제는 살 만하다"고 생각하 는 사람들이 늘기 시작했고, 그 수는 1990년대까지 계속 늘 어났다고 볼 수 있다. 1960년에는 1인당 국민소득이 79달 러에 불과했는데 1970년에는 255달러로 높아졌고, 1977년 에는 1,000달러를 넘어섰다. 게다가 1980년에는 2,000달러, 1989년에는 5,556달러로 껑충 올랐으니 국민들도 "이제 좀 살 만한 세상이 오나보다" 하는 기대 심리가 생기기 시작했 다. 겨우 20년 만에 국민소득이 70배 이상 오르게 된 것이다.

아울러 당시의 통계를 보면, 무역을 통한 해외 수출 실적도 기하급수적으로 증가했다. 1964년에 해외 수출 실적이 1억 달러를 돌파한 이래 7년 만인 1971년에는 10억 달러, 1977년 에는 100억 달러, 그리고 그 10배인 1,000억 달러는 1995년 에 달성했다.

이러한 급속한 경제성장과 국내에서 진행되는 활발한 개발 등으로 인해 1980년대 후반부터는 중산층이 자리를 잡아가기 시작했다. 한국의 경제적 계층 분포는 상위 부자층과 중산층 그리고 하위 빈곤층으로 나뉘었다. 그리고 중산층의 범위는 점점 넓어지기 시작했다. 당시 상위층은 재벌 기업을 선두로 개발·건설 사업 등을 통해 부를 축적한 건설업체와 수출로 한몫 단단히 챙긴 중견 기업이 차지했다.

또한 도시에는 물류와 운수 사업으로 큰돈을 번 업체도 생겨났다. 물론 도시에는 아직도 많은 빈곤층이 남아 있었고, 그들은 내 집 마련의 꿈을 이루지 못한 채 건설 일용근로자로 일하거나 시장 등에서 조그마한 점포를 열고 하루하루 연명해나가기도 했다. 또 한편으로는 이른바 화이트칼라로 불리는 사무직 노동자들이 늘어난 시대이기도 했다.

농촌 지역도 1980년대 중반 정도를 기점으로 가옥 구조가 많이 개선됐다. 농가의 부엌은 입식으로 개조됐고 목욕탕과 보일러 시설도 갖추게 됐다. 심지어 상당수의 가정에서는 침대를 사용하게 됐고 화장실도 서구식으로 개조했다.

이렇게 보면 1980년대 중반을 넘어서면서부터 농촌 지역에는, 과거와 같이 세끼도 못 차려 먹는 최하위 빈곤층이 사라졌다 해도 과언은 아니다. 불과 2~30년 전에 추위와 배고픔에 시달리고, 현대 문명의 혜택이라곤 상상도 할 수 없었던 농촌 지역이 엄청난 변화를 맞이한 것이다.

1980년대의 변화는 88서울올림픽을 계기로 더욱 두드러졌다. 우선 도로 교통망의 급속한 발전이 이뤄졌다. 경부고속도로 건설에 이어서 호남고속도로, 남해안고속도가 개통됐고 영·호남 화합이라는 슬로건 아래 1984년 88올림픽고속도로가 완공되자 전국은 1일 생활권으로 좁혀졌다. 지방도로 포장 사업도 전면적으로 실시되어 새로운 교통의 시대를 맞이하게 됐다.

다음으로는 통신의 혁신이다. 1970년대만 하더라도 서민들이 집집마다 전화기를 설치한다는 건 언감생심이었다. 전화 회선은 백색 또는 청색으로 분리되었는데, 다시 팔 수 있는 '백색전화'(회선이 부족하여 전화 가입이 어려울 때, 사용권을 남에게 넘겨줄 수 있었던 가입 전화—편집자 주)는 프리미엄이 붙기 때문에 재산으로도 큰 가치가 있었다. 1970년대 초 백색전화는 약 200만 원 정도로 거의 집 한 채 값이었다. 물론 당시에는 팔 수 없는 청색전화가 설치된 가정도 그리 많지 않았다.

그러나 1980년대에 들어와 통신은 기술적으로 아날로그에서 디지털 방식으로 전환됨으로써 전자 교환과 광통신 시대를 여는 계기를 만들었다. 이에 따라 전화의 보급이 기하급수적으로 늘었고, 거리마다 설치되어 있는 공중전화로 국제전화까지 마음대로 할 수 있는 시대가 다가온 것이다.

88서울올림픽을 통한 변화는 여기에서 그치지 않았다. 우리가 그렇게 꿈꾸던 마이카 시대가 시작되었으며, 해외여행과 유학이 자율화된 것이다. 또한 통행금지 제도가 해제되고 24시간 문화가 도래했다. 어느덧 한국 사회는 선진국처럼 소비가 미덕이 되는 시대를 실감할 정도로 엄청나게 변화했다. 도로 사정이 좋아지고 자동차까지 있으니 식당이 교통이 편리한 도심에만 있어야 한다는 논리도 파괴 되었다. 음식만 맛있으면 위치가 변두리에 있어도 사람들이 몰려들기 때문이었다.

이제 사람들은 건강을 생각하게 됐고, 아울러 자신의 삶을 즐기고 싶어진 것이다. 따라서 필자는 1980년대 후반부터 1997년 외환위기 전까지의 시기를 우리 사회에 스스로 중산층이라고 생각하는 사람들이 그나마 존재했고, 그들 나름대로 보람을 느끼며 살았던 시기로 보고 있다.

외환위기와 기업의 구조조정

1980년 후반 이후 한국 경제는 그 규모가 엄청나게 확대됐고 중산층의 증가로 소비도 늘어났다. 상식적으로 소비가 늘어나면 경기도 호황을 누리는 법이다. 또한 기업의 측면에서도 소비·수출량이 늘어났고 그러한 이유로 기업은 각자 규모를 확장하기 시작했다. 그리고 확장에 필요한 돈은 기업의 자본이 아닌 주로 은행 대출을 통해 이뤄졌다. 이처럼 은행에 대한 수요가 늘어나니 1990년대 초에는 신규 은행들(하나은행과 평화은행 등)이 새롭게 나타나기 시작했다. 이런 과정에서 대기업은 문어발식으로 그 영역을 확대했고, 그 결과로 각 분야에 여러 기업이 중복 투자하는 현상마저 발생했다.

실제로 한국의 기업들은 1980년대 후반부터 철강이나 석유화학공업, 반도체 등의 사업에 투자하기 시작했다. 그러나 이후 투자 사업을 통한 제품들의 국제적인 가격이 떨어지고 기타 중요 수출품 가격 역시 하락했다. 게다가 우리와 수출입 교역이 활발했던 일본의 엔화가 평가절하되면서부터는 기업 전체가 흔들렸다. 이런 상황에서 1997년 초 한보 사태를 시작으로 많은 기업들이 줄줄이 부도를 내게 된다. 이러한 도미노 현상으로 주가가 내려간 기업들은 부실의 수렁에서 빠져나오기가 더 어려워진 것이다.

대기업에 편중된 은행 대출도 큰 문제였다. 당시 한국은 대기업에만 여신이 편중되어 있었기 때문에 몇몇 대기업의 부실이 전체 금융권의 부실로 연결될 수 있는 취약한 금융 시스템을 가지고 있었다. 그리고 규제와 감독이 미비해 단기외채 비중이 상당히 높은 외채구조를 가지게 되었다. 금융기관과 기업의 무분별한 역외금융과 현지차입 등으로 외채규모가 더 커졌다.

따라서 과다차입을 통해 과잉·중복 투자를 하던 대기업들이 부도가 나기 시작하자 이들 대기업에 여신이 집중되어 있던 금융기관들의 부실채권 규모마저 급증하게 됐다. 그리고 이에 따른 주가 하락으로 자산이 손실되고 은행의 경영 상태가 악화되면서 금융위기가 발생한 것이다. 1998년 대우가 진 빚이 47조 7,000억 원에 달했다고 하니 당시 부실한 대기업의 부채 규모는 그야말로 상상을 초월했다. IMF의 구제금융 이후 확인된 대우의 총 부채는 최대 89조 원이었는데 자산은 59조 원에 불과했다고 한다.

이러한 한국의 현실을 감지한 외국의 금융권들은 외채상환 기일을 연장해달라는 한국의 요구를 거부하기 시작한다. 해외차입에서 금융기관에 대한 정부의 지급 보증 때문에 사태는 국가적인 위기로까지 번지게 된 것이다. 따라서 정부는 불가피하게 IMF에 구제금융을 요청할 수밖에 없었다. 그러자 돈을 빌려준 IMF는 한국 정부에 기업의 강력한 구조 개혁과 금융기관의 부실을 제거하는 대책 등을 요구했다.

결국 기업에 구조조정을 요구하고, 기업이 이를 수용하는 과정에서 실직자들이 늘어나게 됐다. 직장을 잃은 많은 임금 노동자들의 생활은 다시 어려움에 빠지게 된 것이다. 이러한 현실은 당시 신용불량자가 236만 명에 달했다는 통계만 보더라도 잘 알 수 있다.

금융권에 대한 대책에도 많은 변화가 나타났다. 은행의 감독·규제를 강화함으로써 은행의 자기 자본 비율을 어느 선까지 유지하도록 했기 때문에, 금융권에도 합병과 퇴출의 강력한 회오리바람이 불기 시작한 것이다. 그 결과 은행의 금리는 다시 상승했고 그나마 겨우 명맥을 유지하고 있는 기업들마저 금융적인 부담이 과중해졌다. 결국 1997년 외환위기는 한국 기업의 근간을 흔들어버린 셈이다. 대기업은 물론 중소기업까지 모두 커다란 위기에 처하게 된 것이다. 이러한 현실은 그간 스스로를 중산층이라 여겼던 사람들에게도 큰 충격으로 다가왔다.

그러나 한국 국민은 정부와 힘을 모아 IMF의 요구를 수용하면서 외환위기 극복을 위한 절차를 성실히 실행했다. 그중에서도 '금 모으기 운동'은 세계를 놀라게 했다. 당시 금에는 부가가치세가 부과되지 않아 외국에 비해 그 값이 약 10퍼센트가 저렴했기 때문에 우리 국민들은 스스로 외채 상환을 위한 금 모으기 운동을 전개한 것이다. 나라의 빚이 바로 우리의 빚이라는 생각에서였다. 전국적으로 약 350만 명이 이 운동에 참가했는데 짧은 기간에 약 277톤의 금이 모였다. 액수로 환산하면 약 21억 5,000만 달러였다고 한다. 당시 IMF로부터 받은 구제금융은 195억 달러였으니 금 모으기 운동으로 모은 이 돈은 매우 유용했다. 뿐만 아니라 국민들은 외화 유출을 줄이기 위해 해외여행을 스스로 자제하고 국산품 애용 운동도 전개했다.

국민들의 적극적인 호응과 함께 정부는 우선 부실한 금융기관의 합병과 퇴출은 물론 대기업의 문어발식 기업 확장을 금지하고 각자의 주력 부분을 조정했으며, 부실기업들의 정리를 주도했다. 기업들도 구조조정을 통해 나름의 안정을 찾아가면서 실업난 해소를 위한 '일자리 나누기' 운동 등에 적극적으로 나섰다. 이는 그간의 성장 우선 정책에서 나타난 경제구조의 체질을 개선하여 안정성을 보다 더 확보하려는 노력으로 이해할 수 있다. 그 결과 정부는 1999년 8월 외환위기를 극복했다고 선언하고 2001년 8월 23일, 구제금융을 요청한 지 약 3년 8개월 만에 총액 195억 달러를 전부 갚고, IMF의 간섭에서도 벗어날 수가 있었다. 1997년 외환위기 당시에는 외환 보유액이 39억 달러로 떨어져서 아슬아슬했다. 그러나 구제금융을 반환하고도 2001년 9월의 외환 보유액이 990억 달러로, 우리는 세계 5위의 외환 보유국이 되었다. 외환위기 극복의 놀랄 만한 선례를 남긴 것이다.

　　외환위기가 남긴 교훈은 은행대출을 통해 무리하게 문어발식으로 기업을 확장해나가면, 이제 국내는 물론 세계시장에서도 경쟁력을 잃는다는 거였다. 실제로 정부는 금융기관의 건전성 제고, 기업의 문어발식 확장의 제동, 기업의 주력 부분 재조정, 기업의 지배구조 개선을 통해 외환위기를 현명하게 극복해나갈 수 있었다.

필자는 특히 기업의 분야별 전문성 강조가 한국 사회에서 새로운 현상을 불러왔다고 본다. 그것은 다름 아닌 대기업의 분야별 독점성이다. 실제로 우리나라의 재벌 기업은 외환위기를 통해 일부 재편되기도 했다. 하지만 몇몇 부실기업을 제외하고는 주력 부분 재조정 정책에 따라 특정 분야에 대한 독과점성을 공고히 함으로써 성장을 더욱 가속화할 수 있었다고 보는 것이다.

이러한 대기업의 분야별 독점성은 당연히 그 분야에 새로이 등장할 중소기업들의 성장을 어렵게 만들었다. 외환위기 극복 이후 막 성장하려는 중소기업 앞에 두꺼운 벽이 나타난 것이다. 결국 중소기업은 대기업의 부품과 기타 분야를 조력하는 부속기업 역할밖에 할 수 없었다. 외환위기 이후 기업의 구조조정으로 실업자가 늘어나면서 서민의 생활은 점점 어려워지고, 자기 분야의 독자적인 기술이 없다면 중소기업마저 대기업의 부속기업으로 전락하고 말았다. 이때부터 부의 불균형이 가속화되기 시작했다는 것이 필자의 생각이다.

대기업들은 외환위기 후에도 스스로 재정 건전성을 확보하면서 날로 번창했다. 그리고 높은 환율은 수출에 일부 긍정적인 역할을 하기도 했다. 따라서 1995년 1,000억 달러의 수출이 2008년에는 4배나 뛰어 4,000억 달러에 이르렀다. 1인당 국민소득은 외환위기가 닥치기 직전인 1996년에 1만 2,518달러이던 것이 외환위기가 닥친 1997년에는 1만 1,505달러로 다소 줄어들었다.

그리고 IMF 구제금융 시절인 1998년에는 7,607달러로 급격히 하락했으나, 1999년부터는 9,778달러로 다시 상승했다. 그 결과 2000년에는 1만 1,292달러를 달성할 수 있었다. 2001년에는 약간 주춤해서 1만 631달러가 되었지만, 2002년에는 1만 2,100달러로 외환위기 이전의 수준을 회복했다.

이후 2004년에는 1만 5,000달러, 2007년에는 2만 1,632달러를 달성했지만 2008~2009년의 세계적 금융 위기로 1인당 국민소득은 다시 줄어들었다. 그러나 2010년에는 다시 2만 2,170달러를 달성하고, 2013년에는 2만 6,000달러를 넘어서게 된다.

1인당 국민소득이란 전체 국가의 소득을 국민 수로 나누어 평균값을 낸 것이다. 따라서 1인당 국민소득이 오른다고 해서 대다수 서민의 생활이 향상되었다는 것을 의미하지는 않는다. 한마디로 외환위기를 극복하고 대기업들의 수출과 국민 총 생산량은 엄청나게 늘어가고 있었지만, 서민들의 생활은 마냥 즐겁지만은 않았다는 것이다. 대다수 서민들은 과거 1980년대 후반부터 1990년대 중반까지는 느낄 수 있었던 자신감마저 잃어가고 있었다.

중산층의 소멸과 부의 편중

외환위기 이후 2002년에는 앞에서 지적한 대로 1인당 국민소득이 외환위기 이전의 수준으로 회복되었다. 그러나 이 시기에 일어난 '카드 대란'은 겨우 위기를 극복하고 일어서려 하는 서민들의 마음에 큰 절망을 가져다준다. 외환위기 극복으로 긴장이 다소 풀어진 분위기를 틈타, 카드사들은 무리한 카드 발급을 시작했다. 정부가 이에 대한 엄격한 감독을 하지 못한 것이 화근이었다. 돈을 갚을 능력이 부족한 사람들까지 카드를 발급받아 사용함으로써 또다시 수많은 신용불량자가 나타나게 되었던 것이다. 우리나라의 신용 카드는 사용한 금액을 이자를 포함해 나눠 갚는 게 아니라, 대개 다음 달에 일시불로 한꺼번에 갚는 '차지 카드(Charge Card)'의 특성을 띤다. 따라서 여러 신용적인 문제를 일으킬 소지가 다분한 것이다.

정부는 외환위기의 극복을 눈앞에 두고 1999년 카드사 신용판매 취급비중과 신용 카드의 현금 서비스 이용한도 폐지, 신용 카드 소득공제 확대와 영수증 복권제를 시행했다. 뿐만 아니라 2001년에는 카드 사업을 허가제에서 등록제로 전환하고, 길거리 모집을 통한 카드 개설을 허용하는 등 카드 사용이 빚이라는 인식을 둔화시킴으로써 무분별한 카드 사용을 부추기고 말았다. 어려운 현실을 극복하기 위해 오히려 카드를 써야 할 것 같은 분위기를 조성한 것이다.

그 결과 경제활동 인구 1인당 평균 4~6장의 카드를 발급받음으로써 신용불량자를 대량 양산하고 말았다. 2003년 통계에 따르면 무려 372만 명이 신용불량자로 등록됐다. 그중 신용카드로 인한 신용불량자의 비율이 전체의 64퍼센트에 달하는 것으로 나타났다.

1997년 외환위기와 2002년 카드 대란을 거치면서 그간 중산층이라고 자부했던 사람들이 다시 생활의 어려움을 겪게 됐다. 실질적으로 이때부터 한국 사회의 중산층이 점점 사라지기 시작한 것이다. 그런데도 2002년 카드 대란으로부터 발생한 가계 부채의 거품을 제대로 처리하지도 못하면서 정부는 경기의 호조세만을 강조했다. 이런 와중에 화물연대 파업, 철도노조 파업, 주 5일제 시행, 행정수도 이전 등으로 인한 사회적 갈등이 증폭되어갔다. 그러다보니 소비 심리가 약화되고 특히 대선자금 수사 등으로 기업 심리도 위축되고 말았다. 2003~2004년 동안 조금씩 오를 것처럼 보이던 경기도 결국 다시 침체되기 시작했다.

이러한 상황에서 우리 사회에는 또 다른 현상이 하나 나타났다. 바로 네트워크 마케팅의 성행이었다. 네트워크 마케팅은 속칭 '다단계'라고 불리는 영업의 일종인데 사실 그 본래의 취지 자체가 나쁜 것은 아니다. 매장을 두지 않고 소비자에게 직접 판매를 하면 상품의 가격은 내려가고 이윤은 커지게 되는데, 그 이윤을 네트워크 마케팅의 회원들이 서로 공유하자는 취지이기 때문이다.

이 네트워크 마케팅은 회원들이 자기 자본 없이 매장 없는 사업을 할 수 있다는 점에서 크게 인기를 얻었으며, 이를 통해 수많은 사람들이 외환위기 이후 어려워진 경제 현실을 타개하려 노력했다. 주위에서 네트워크 마케팅과 관련한 사업 소개를 들어보지 못한 사람은 거의 없을 것이다.

그런데 우리 사회에서 네트워크 마케팅은 순기능보다는 부작용만을 노출하고 말았다. 직급을 올리기 위해 무리하게 사재기를 한다거나, 하위 라인의 사람들을 포섭하기 위해 돈을 대신 부담한다거나, 실제보다 말을 부풀려 상대방을 유인한다거나 하는 일이 빈번히 발생한 것이다. 그러다보니 결국 여러 가지 손해를 입은 사람들이 늘어났다. 그것도 모자라 일부 불량 네트워크 마케팅 사업주들이 돈을 횡령하고 도주하는 사건들이 비일비재하여 이는 곧 커다란 사회문제로까지 비화되었다.

결국 네트워크 마케팅 회사를 만든 소수 몇몇은 돈을 벌었는지 몰라도 회원으로 활동한 대다수는 큰 손해를 입었다. 그러나 자기 자본 없이 할 수 있는 일이 갈수록 줄어드는 사회가 되었기에 서민들이 네트워크 마케팅의 유혹에서 벗어나기

란 결코 쉬운 일이 아니다.

　더불어 부동산 경기도 침체의 늪으로 빠지기 시작했다. 외환위기 이후 하락한 부동산 가격은 그 후 계속적으로 회복되지 못한 상태였다. 여기에는 여러 원인이 있을 수 있으나 결론적으로는 부동산 자체가 더 이상 서민의 재산을 증식시키는 도구가 되지 못한다는 사실 때문이었다. 이러한 과정에서 '서브프라임 모기지 사태(Subprime Mortgage crisis)'라고 불리는 2008년 미국발 금융위기는 우리 사회에서 부동산의 거품이 결국 개인뿐만 아니라 국가적으로도 문제가 된다는 걸 인식하는 계기가 됐다.

　미국은 2000년대 초 경기회복을 위한 저금리 정책을 시행했고 이에 따라 장기 저리의 주택담보융자로 주택 구입자가 늘어나 부동산 가격이 급등했다. 그러나 2004년 저금리 정책이 종료되어 부동산 거품이 꺼지고, 많은 금융회사들이 파산하면서 이처럼 금융위기까지 맞이하게 된 것이다.

　우리 사회의 이른바 부동산 거품은 미국과는 다른 측면에서 논의될 수 있을 것이다. 그런데 그중 한 측면은 너무나 개발을 많이 해 이제는 더 이상 개발할 곳이 거의 없다는 사실이다. 또한 그간 집 없는 사람들을 위해 지어왔던 수많은 아파트가 수치상으로는 이미 수요를 초과하고 있었다는 점도 제기할 수 있다. 그럼에도 여전히 자기 집을 마련하지 못한 사람이 남아 있었던 이유는 부자들의 매점 현상 때문이었다.

이런 상황에서 참여정부의 부동산 규제 정책은 부동산 경기를 더욱 얼어붙게 하고 말았다. 부동산 부자 또는 건축업자의 과도한 이익을 규제하고 실소유자들의 이익을 도모하겠다는 본래의 취지와는 달리, 집 한 채만 가진 서민들에게까지 그 여파가 몰려왔기 때문이다. 부동산 가격 상승은커녕, 융자받은 액수보다 실제가격이 낮아지는 경우도 생겨나게 되었다. 거품이 빠져버렸기 때문이다. 과거에 자신을 중산층이라 여겼던 사람들은 도시에 아파트 한 채 있으면 융자 제외하고도 상당한 액수의 재산이 있다고 생각했다. 그러나 이것이 거품이 되고 보니 부동산을 통한 자신의 재산 가치는 한없이 추락하거나, 제로가 되거나, 심지어 마이너스로 변하여 빚만 진 꼴이 돼버렸다.

이러한 현상은 그간 정부의 노력에도 불구하고 지금까지 계속되고 있다 해도 과언은 아니다. 이제는 과거와 달리 부동산 경기의 활성화를 위한 규제 완화 등의 정책이 먹혀들지 않는 시대가 된 것이다. 지금 전세대란이 일어나고 있는 것도 집을 융자받아 사더라도 그 값이 오히려 떨어 질 수도 있다는 사람들의 위기의식 때문일 수 있다. 사는 시기를 저울질하면서 전세만을 선호하는 까닭인 것이다. 그러니 서민들은 그간 자신의 유일한 재산이라 믿었던 부동산, 특히 아파트의 가치가 더 이상 재산이 되지 못하고 오히려 빚이 됨으로써 융자 이자만 더 내야 하는 부담을 안게 되었다.

회고하면 그간 서민들이 체감하는 경기는 건설 경기에 크게 의존했다 해도 과언이 아니다. 건설 경기가 좋아지면 건설 노동자들의 일자리가 많아지고, 더불어 각종 자재상들의 경기도 좋아졌으며, 또한 개발 시대처럼 부동산 시장도 활성화되어 서민들의 체감 경기가 살아나곤 했다. 그러나 건설 경기가 나빠지면 서민들의 심리적인 체감 경기도 덩달아 시들해지곤 했다. 그래서 정부는 경기 침체 해소의 일차적 대책으로는 언제나 부동산 규제 완화 정책을 폈다. 이것이 부작용을 일으키면 다시 규제 정책을 시행했다. 그러나 앞서 언급한 대로 이제는 이러한 대책이 먹히지 않는 시대가 된 것이다.

이에 추가하여 건설 사업의 기계화에 따른 문제도 언급하지 않을 수 없다. 그 대표적인 예는 2008년에 시작된 4대강 사업이다. 우리는 이로 인해 어느 정도 건설 경기가 활성화될 것이며 그에 따라 서민들의 체감 경기도 조금은 나아질 것이라고 예상했다. 그러나 결과는 기대에 미치지 못했다. 이미 건설 사업 자체도 많은 부분이 기계화되어 기대만큼 고용을 창출하지는 못했기 때문이다.

2008년 미국발 금융위기 이후에는 우리나라의 고용 현황 지표도 매우 우울하게 나타나기 시작한다. 2000년대 초반까지는 약 50만 개 정도의 신규 일자리가 있었지만 2008년 고용 현황 지표에 따르면 2006년 이후 30만 개의 일자리도 만들어내기 어려운 상황이 되고 말았다.

예를 들면 한 해 약 40만 명의 대졸 졸업자가 나오는데 2008년 10월 고용 동향에는 취업자의 증가수가 9만 7,000명을 밑돌고 있으니 나머지는 모두 직장을 잡지 못했다는 것이다. 오늘날 취업을 포기한 청년 실업자를 일컫는 니트족의 문제는 2008년부터 심각해지기 시작했다고 봐야 할 것이다.

실제로 오늘날 우리 사회에서 중산층은 사라졌다 해도 과언은 아니다. 2014년 고용 지표에 따르면 앞에서도 언급했듯 현재 비정규직이 600만 명이며 일용근로자는 160만 명에 달하는 것으로 집계되고 있다. 게다가 실질적인 실업률은 10.1퍼센트에 달한다. 또 있다. 시간당 최저임금도 받지 못하고 있는 근로자가 전체 근로자 8명 중 1명꼴인 227만 명이나 된다. 여기에 기초생활 수급자는 140~150만 명에 이른다. 우리 사회에서 비정규직과 일용근로자와 기초수급자들은 최하위층이라 해도 지나침이 없는데 어림잡아도 그 숫자는 900만 명에 이른다. 여기에 실질적인 실업자 300만 명을 더하면 1,200만 명이 극심한 경제적 어려움을 체감하고 있는 것이다.

그렇다고 정규직 모두를 중산층이라고 말할 수는 없을 것이다. 2014년 10월의 통계청 고용 동향에 따라 상용근로자를 약 1,200만 명으로 계산하더라도, 그중 약 30퍼센트에 해당하는 360만 명이 어려운 처지에 있는 것이다. 그리고 자영업자 570만 명 중 적어도 30퍼센트인 약 170여만 명은 영세업자로 보아야 할 것이다.

최근 한 언론 보도를 보면 최저임금도 못 버는 자영업자가 142만 명에 달한다고 한다. 통계 숫자로만 보더라도 비정규직과 일용근로자, 기초 수급자와 실업자를 합한 1,200만 명에다 어려운 처지의 상용근로자 360여만 명, 영세 자영업자 170여만 명을 더하면 총 약 1,730만 명이 경제적으로 아주 어려운 처지에 있다고 볼 수 있다. 이는 우리나라 총인구의 3분의 1이 넘는 숫자다.

통계청의 2014년 고용 동향에는 공식적 실업자가 약 86만 명으로 잡혀 있다. 따라서 실질적인 실업자를 300만 명으로 계산하지 않고 공식 통계대로 80~90만 명으로만 계산해도 약 1,500~1,600만 명이 아주 어려운 처지에 있는 것을 알 수 있다. 그리고 넓게 잡아 1,000만 명 정도만 부족하지 않게 살고 있다고 본다면, 부유층은 전체 인구 대비 20퍼센트밖에 되지 않는다.

이러한 문제는 앞서 현대사회의 빈부격차 심화를 논하면서 제시한 우리나라의 각종 경제 지표만 봐도 잘 알 수 있을 것이다. 이러니 국민소득 3만 달러가 되는 것이 무슨 소용이 있는가! 서민들은 가난을 체감하며 살 수밖에 없다. 이제 우리 사회에 중산층은 완전히 없어졌다는 말이 실감난다. 따라서 필자는 오늘날 한국 사회는 전체 인구 대비 약 5퍼센트의 최고 부자와 그 다음가는 약 10~15퍼센트의 부자, 그리고 나머지 80퍼센트의 상대적으로 가난한 사람들로 구성되어 있다고 본다. 그런데 그 80퍼센트의 사람들 중 약 절반 정도는 아주 극심하게 가난한 사람들이라고 봐도 틀리지 않을 것이다.

2014년 11월 한국은행과 금융감독원, 통계청의 자료에 따르면 현재 가구당 평균 부채는 5,994만 원인데 1년 전보다 2.3퍼센트 증가한 금액이라고 한다. 특히 30대와 60대 이상의 취약계층 부채는 생활비 충당 때문에 더욱 가파르게 상승하고 있는 것으로 분석된다. 예를 들면 "30대 미만 가구주의 부채는 1,401만 원에서 1,558만 원으로 지난해에 비해 11.2퍼센트 증가했으며, 30대는 4,890만 원에서 5,235만 원으로 7.0퍼센트나" 늘었으며 "60세 이상 가구 역시 4,201만 원에서 4,372만 원으로 4.1퍼센트 증가했다"고 한다.

더욱이 하위 20퍼센트의 사람들은 빚을 갚기 위해 또 빚을 내는 악순환을 거듭하고 있어서 신용 회복을 신청하는 사람과 끝내 파산으로 몰리는 사람들이 점차 늘어나고 있다. 한 언론 보도는 통계청 자료를 인용하여 이들의 부채는 평균 1,296만 원으로 가구당 평균 부채보다는 낮지만 "연평균 소득이

825만 원임을 감안하면 1년 반 동안 한 푼도 안 쓰고 모으더라도 갚을 수 없는 규모의 액수"라고 지적한다.

국민소득이 올라가는 일은 좋은 일이다. 그러나 전체 평균으로 1인당 소득은 올라가지만 잘 버는 사람들의 소득을 합해 평균을 낸 것이기에 못 사는 사람들에게 통계청이 집계한 국민의 1인당 소득은 아무 의미가 없다. 과거에는 자신을 중산층이라고 하는 사람들도 꽤 있었는데 요즈음은 물어보면 모두가 자신이 하층민이라고 말한다. 한마디로 빈부의 격차가 심화되고 있는 것이다. 상위 20퍼센트를 제외하고 나머지 80퍼센트는 다 서민층으로 전락하게 된 것이다. 이런 이유로 우리 사회는 지금 앞서 언급한 2080이란 말을 새삼 실감하고 있다. 즉 상위 20퍼센트의 소득이 하위 80퍼센트 소득과 비슷하다는 뜻이다.

부와 빈의 심리적 변화

지금까지 광복 후 한국 경제의 변화 과정을 간단하나마 살펴보았다. 그러면 그간 자본주의의 체제 속에서 우리는 부와 빈에 대한 어떤 심리적 태도의 변화를 겪어왔는가? 이를 살펴보는 일은 매우 의미 있는 일이라고 할 수 있다. 인간은 대개의 경우 자신의 심리적 가치에 따라 나름의 삶을 꾸려간다. 따라서 우리 사회에 나타난 부와 빈에 대한 심리적 태도의 변화를 분석하는 일은 한국인에게 무엇이 행복한 삶인가 하는 문제의 답을 얻는 데 기초적인 자료를 제공할 것이다.

부와 빈에 대한 운명론과 한

1960년대 초까지 우리 사회는 원초적인 농업사회의 틀을 완전히 벗어나지 못했다. 물론 도시에서는 상업 활동이 벌어지고 있었지만 대다수 국민들은 농업사회적인 의식의 틀 안에 있었다. 이런 상황에서 부와 빈에 대한 인식은 고전적인 운명론을 크게 벗어나지 못하고 있었다. 대대로 부를 물려받은 지주들은 스스로 부자의 운명을 가지고 태어났다고 믿었고, 그 부를 지키는 일이 조상에 대한 도리이자 의무라고 생각했다.

소작농을 비롯한 가난한 농부들과 남의집살이를 하는 일꾼들은 운명적으로 자신의 가난을 받아들였다. "가난은 나라님도 어쩔 수 없다." 이런 속담이 말해주듯 가난한 사람들은 가난을 자신의 운명으로 받아들이면서 이에 순응할 수밖에 없다는 생각을 가지고 있었다.

당시 부자들은 교육도 받을 수 있었고 상당수는 일제강점기에 일본 유학까지 마쳤다. 그러니 자연스럽게 자기 동네나 지역에서 유지 노릇을 했다. 또한 일부는 정계에 진출하기도 했으니 부라는 개념은 권력과 분리될 수 없는 것으로 인식됐다. 그들은 한마디로 가난한 사람들의 지도자 역할을 담당했던 것이다. 그리고 가난한 민초들은 교육 자체를 받을 기회와 역량이 없었기 때문에 잘해야 초등학교 정도의 교육으로만 만족해야 했다. 따라서 그들은 자신들의 지주 또는 동네 유지인 부자들에게 배우고 가르침을 받아야한다고 생각했다. "아는 것이 힘이다"라는 영국의 철학자 베이컨(Francis Bacon: 1561~1626)의 말이 그대로 적용되는 시대였다.

아는 것이 힘이라는 말은 겉으론 그럴싸하다. 하지만 조금만 깊이 생각하면 안다는 것 자체만으로 남에게 힘을 행사하고, 무식한 사람을 지배하려는 독선을 불러일으킬 만한 위험성이 있다는 걸 알 수 있다. 실제로 당시 부자들의 심리 속에는 가난한 자들에 대한 인간적인 무시도 함께 내포되어 있었다고 볼 수 있다. 그리고 가난하고 못 배운 자에게는 부자들의 독선에 저항할 심리적 씨앗마저 잉태되지 않고 있었다. 설령 그 씨앗이 있었다 하더라도 그들은 저항할 엄두도 내지 못했을 것이다. 오히려 부자와 배운 자들을 존경하기까지 했으니까 말이다.

당시 빈부격차에서 느끼는 위화감은 실제로 그리 크지 않았다. 운명론을 떠나서라도, 눈에 보이는 현실 자체가 위화감을 불러일으킬 만한 요소를 갖고 있지 않았기 때문이다. 외형적으로 부자와 가난한 자의 차별은 먹는 것과 입는 것에서만 분명했을 뿐이다. 다른 부분에서는 큰 차이가 없었다. 부자들은 쌀밥에 고기반찬을 먹었고 가난한 사람은 세끼도 채 못 먹었다. 그러나 식사는 남이 안 보이는 자기 집에서 먹는 것이기 때문에 공개적으로 비교를 당하는 일은 아니었다. 우리 속담에 "찬물 먹고 이 쑤신다"라는 말이 있는데, 무엇을 먹든 그 자체가 외부로 노출되지 않는다는 점을 잘 표현해주는 말이다.

입는 것에도 분명 차이는 있었지만 당시의 수준에서 특별한 부자가 아닌 바에야 누구나 다 무명옷이나 삼베옷을 입었다. 가난한 사람들은 모두 낡은 옷을 입었지만 그 재질 자체가 부자들의 옷과 크게 다르지 않았다. 그래서 부자들의 옷차림은 큰 부러움의 대상이 아니었다.

신발도 마찬가지이다. 재산이 아주 많은 부자는 구두를 가지고 있었지만 공식적인 모임이나 먼 곳을 갈 때나 신었을 뿐, 자기 동네에서는 모두 다 고무신을 신고 다녔다. 물론 가난한 사람들이야 구두는 엄두도 못 내었고 다 해어진 검정 고무신을 신고 다녔지만, 사실상 부자의 것과 본질적인 차이가 없었다. 당시는 요즘처럼 명품이 존재하지 않았던 것이다.

교통수단도 여의치 않아 부자가 장에 가려면 말이나 소가 끄는 수레를 탔다. 자가용은 당연히 없었다. 관용차를 제외하면 자가용을 소유한 자는 손에 꼽을 정도였으니 누구나 할 것 없이 걸어 다녔다. 물론 약간의 먼 거리를 가기 위해서 부자들은 자전거를 이용하기도 했다. 그렇지만 자기 동네에서는 거의 대부분이 걸어 다녔다.

가난한 사람들에게 자전거 역시 생각도 못할 물건이었지

만, 먼 곳을 자주 갈 일이 없었기 때문에 이것 역시 큰 부러움의 대상이 못 되었다. 가난한 사람들은 일어나면 농사를 짓고 저녁에는 사랑방에 모여 동네 사람들과 담소하는 시간만을 가졌을 뿐이다.

당시에는 텔레비전도 없었고 전화기와 라디오는 마을에 한두 대만 있었다. 가난한 사람들에게는 전화가 올 일도 전화를 걸 일도 없었고, 라디오는 있는 집에서 가끔 들으면 그만이었다. 전기밥솥도 냉장고도 없으니 부자라 해도 재래식 솥에서 불 때어 밥을 하고, 여름에는 동네나 자기 집 우물을 냉장고처럼 사용했다. 아주 부자가 아니고서야 목욕탕 시설을 갖춘 집은 없었다. 겨울에는 물을 데워 부엌에서 목욕하고 여름에는 모두 동네 냇가에서 목욕하던 시절이다. 그러니 빈부의 차이를 일상생활에서 극심하게 실감할 수는 없었던 것이다.

1960년대 초까지만 해도 살아간다는 게 고달프기 짝이 없었다. 당시엔 오늘날과 같은 풍요의 시대를 상상조차 할 수 없었기 때문에 그 자체를 운명으로 알고 살았다. 더욱이 나만 고달픈 게 아니라 대다수의 사람들이 가난에 시달렸고 부자들은 매우 소수였으니, 다수에 속했다는 이유로 위로를 받을 수 있었다. "죽으러 갈 때도 친구가 있으면 걱정이 덜 된다"는 말처럼 나만 못사는 것이 아니라 다수가 가난에 시달렸으니 그런대로 자신의 처지에 대해서도 위안을 삼을 수 있었던 것이다. 덕분에 소수의 부자에 대한 원망이나 질시의 심리가 크게 작동하지 않았다. 때문에 우리는 어린 시절 모두 가난했지만 그래도 그때가 행복했었다고 지금은 말할 수 있는 것이다.

그러나 가난한 사람들의 무의식에는 자신의 운명에 대한 한(恨)이 분명 서려 있었다. 필자는 한국인의 한을 이야기할 때 이를 표현되지 않는, 그리고 표현할 수도 없는 내면의 심리적 상처로 규정하고 크게 세 가지 요소를 지적하곤 한다.

첫째는 가난의 한, 둘째는 못 배운 한이며, 셋째는 힘없는 한이다. 이 세 가지는 서로 깊은 연관성을 지니고 있다. 가난하니 배울 수 없었고 배우지 못하니 힘이 생기지 않았다. 사실 이러한 한들은 해방 후 생긴 것이 아니라 오래전부터 존재해 왔던 것들이다. 특히 일제강점기를 겪으며 나라를 잃은 설움과 함께 더욱 심화되었으리라 짐작해볼 수 있다.

고은 시인은 "한국인은 한의 자궁에서 태어나 한의 젖을 먹고 자라고, 한을 견디며 살아가고, 한을 남기고 죽는다"라고 말했다. 이 표현에는 한국 여성이 품고 있을 한의 의미뿐만 아니라 우리 아버지들이 품었을 깊은 한의 의미도 담겨 있다. 가족에게 잘해줄 수 없었던 가난한 가장이자 아버지들에게 어찌 한이 없었겠는가! 그래서 우리는 지금 과거를 돌아 볼 때, 우리의 장래를 걱정하며 깊은 한숨을 쉬었던 아버지의 모습을 지워버릴 수가 없다. 당시 대부분의 아버지들은 일자무식이어서 가난으로부터 벗어날 생각조차 못했다. 그래서 세상은 그들을 무시했다. 하지만 우리는 그들을 세상에서 가장 존경했다.

우리 선배들은 당시 못 배우고 가난했던 것, 그리고 힘이 없었던 것에 대한 한을 품고 있었음이 틀림없다. 그러나 그 것을 해소할 만큼의 조건이 뒷받침되지 못했기에 깊은 한 은 그저 무의식에만 잠재되어 있었던 것이다. 무의식에 내 재한 그 상처가 치유될 수 있는 현실적 가능성이 희박할 때 다른 방향으로 그 상처를 '승화(Sublimation)'시키거나, '환상 (Hallucination)'을 통해 꿈을 꾸거나, 아니면 스스로 끌어안고 감당하면서 자신을 위로할 수밖에 없다.

자신을 위로하는 현상은 정신분석학적으로 프로이트 (Sigmund Freud)가 주장한 '항상성원리(Constancy Principle)' 또는 '자아도취(Narcissism)'라는 개념으로 설명할 수 있다. 프로이트 에 따르면 인간에게는 스트레스가 발생했을 때 이를 안정시 키려는 본능적인 욕구가 있다고 한다. 그렇지 않으면 너무나 괴롭기 때문인데, 이러한 욕구가 발동하는 현상을 '항상성원 리'라고 한다. 그리고 항상성원리에 따라 자아도취적으로 자 신을 위로하는 경우도 있다. 인간은 대상을 향한 사랑(Libido) 의 욕구가 받아들여지지 않을 경우 그 욕구를 되돌려 자기 자 신이라도 사랑하려는 본능을 가지고 있기 때문이다. 즉 우리에게는 스스로를 위로하면서 내면의 상처를 치유하려는 본질적 욕구가 있다는 것이다.

이러한 논리에 따르면 우리는 마음의 상처인 한을 해소할 현실적인 대안을 찾지 못할 때 그 자체를 자신의 운명으로 받아들이거나, 아니면 차라리 그 상처를 사랑함으로써 괴로움을 이겨내려 한다는 것이다. 따라서 당시 우리 아버지와 어머니들은 현실에서 그 한을 풀어낼 엄두조차 내질 못했다. 그저 가난한 이웃의 표정을 통해 서로의 처지를 이해하고, 고달픈 노동을 하는 사이에 가끔씩 나누는 실없는 농담으로, 때로는 막걸리 한잔으로 어설프나마 스스로를 위로하며, 마음속의 한을 자신의 운명으로 받아들이고 살았던 것이다.

가난을 극복하기 위한 용기

부와 빈에 대한 운명론은 1970년대에 들어서면서 서서히 사라지고, 그간 개개인이 품고 있던 한이 밖으로 분출되기 시작했다. 이는 정부의 경제개발 5개년계획과 새마을운동을 통한 가난 퇴치 운동, 그리고 해외인력 파견 등, 외부 세계에 대한 새로운 인식에 기반한 것이다. 5·16 이후 정부는 "잘살아보세"라는 슬로건을 내걸고 노력만 하면 가난에서 벗어날 수 있다며 서민들의 용기를 북돋았다. "하면 된다!" "안 되면 되게 하라!" 같은 군사적 구호도 외치면서 말이다. 한편 월남 파병, 광부·간호사 독일 파견, 중동의 건설인력 파견, 브라질 농업 이민 등을 통해 우리 국민들은 그동안 까맣게 몰랐던 세계를 새로이 알아가기 시작했다. 이러한 대내외적인 충격들이 그간 우리 안에 갇혀 있던 한을 현실에서 풀어낼 수 있도록 용기를 줬다고 볼 수 있다. 정부가 추진했던 경제개발 5개년 계획은 그 개념만으로도 우리 역시 가난에서 벗어날 수 있고 국가 또한 발전할 수 있다는 새로운 기대와 희망을 주기에 충분했다. 사실 우리 국민들은 1960년대 초까지 원초적 농업사회의 틀을 벗어나지 못하고 있었기 때문에, 경제개발이라는 용어조차 생소하게 느꼈다. 그런데 이제 경제개발이라는 용어가 "가난은 나라님도 어찌 할 수 없다는" 고정관념을 파괴하는 계기가 된 것이다.

게다가 아스팔트가 깔린 고속도로가 생기고 저수지와 다목적 댐이 건설되어 전기가 널리 보급될 뿐만 아니라, 천수답이 지닌 물 문제 역시 해결되니 새로운 세상이 눈에 보이기 시작했다. 또한 새마을운동으로 그간 엄두도 못 냈던 농로 개발, 농작물 개량, 가옥구조 개선 등의 사업이 진행되자 우리의 꿈은 더욱 부풀었다. 이러한 심리적 변화는 한국인을 다시 단결하게 만들었고 우리도 잘 살 수 있을 거라는 희망을 줬다.

한국인은 '우리'라는 개념에 매우 익숙하다. 또한 자기 고향에 대한 애착도 유달리 강한 편이다. 이는 바로 농사일이라는 것이 한 곳에 정주하여 여러 명이 힘을 모아야 하는 특성을 지니고 있기 때문이다. 이는 곧 농경문화 자체의 특성이기도 하다.

그러나 양반과 천민의 구별, 토지의 불균형적 소유, 악덕 지주들의 소작농 착취, 일제강점기에 벌어진 권력의 억압과 착취 등은 우리의 건전한 응집력을 파괴했다. 대다수의 가난한 사람들로부터 저항의 의지를 빼앗고 운명의 굴레를 벗어나게 할 용기마저 잃게 했다.

그런데 이제는 소작농의 굴레를 벗어나, 가난하고 천하다는 이유로 무시당했던 슬픈 기억으로부터 벗어날 기회가 누구에게나 생긴 것이다. 이제 서로가 힘을 모아 정부의 정책에도 적극 동참하게 되었다. 농경문화의 '우리'라는 이름의 응집력이 긍정적으로 작동하기 시작한 것이다.

최근 세계 여러 나라가 우리나라의 새마을운동을 연구·분석해서 자국에 적용하려는 시도를 하고 있다. 하지만 그 시도가 성공하려면 그 핵심에 앞서도 언급한 '우리'라는 긍정적인 응집력이 존재해야 할 것이다. 또 다른 중요한 요소가 하나 있다면 바로 열정에 근거한 '신바람'이다.

한국인은 매우 감성적인 민족이다. 슬픔과 기쁨에 민감해서, 잘 울고 잘 웃는 민족이다. 그리고 화가 나면 곧잘 화도 낼

줄 아는 감성적 DNA를 가지고 있다. 그럼에도 불구하고 그간 가난과 억압의 굴레에서 벗어나지 못한 우리는 그 감성을 쌓아둔 채 미처 발현하지 못했다. 하지만 시대가 바뀌고 어렴풋하나마 좋은 세상을 향한 희망이 보이자, 우리의 감성적 DNA는 다시 활기를 되찾았다.

한국인은 포기를 잘 모르는 민족성을 지녔다. 원하는 일이 이뤄지지 않으면 한의 형태로라도 그 아쉬움을 쌓아놓고 또 기억한다. 아무런 일 없었던 듯 그냥 넘어가질 못한다. 그런 점에서 현실로 미처 분출되지 못한 우리의 한은 민족 예술로 승화되어 발현되기도 했다. 그런데 시대의 변화에 따라 그 한을 신명나게 풀 새로운 장이 생긴 것이다. 이러한 응집력과 신바람 문화가 없었다면 우리의 새마을운동은 성공하지 못했을 것이다. 새마을운동을 연구하는 나라에서는 이러한 응집력과 열정에 근거한 신바람 문화를 이해해야, 그 성공적 적용이 가능할 것이라고 필자는 자주 말하곤 한다.

다만 여기에서 한 가지 짚고 넘어가야 할 것은 그 응집력과 신바람이 때로는 퇴행적으로 작동될 수도 있다는 점이다. '우리'라는 응집력이 집단이나 소지역주의로 나아가게 되면 배타성이 강해진다. 다른 집단과 지역에 대한 배타성은 결국 국가의 발전에 커다란 장애 요인이 된다.

흥(興), 즉 신바람 역시 얼핏 생각하면 부작용이 없을 것 같지만 곰곰이 따져보면 거기에도 함정이 있다. 인간은 흥이 나면 신중해지기가 어렵다. 자칫 감성 우월주의로 빠질 수가 있기 때문에 합리적 판단을 내리는 것 또한 쉽지 않다. 따라서 신바람이라는 가치가 퇴행하면, 달성해야 할 목표를 위해 수단과 과정을 망각해버리는 속칭 '빨리빨리 문화'가 만들어지기도 한다.

앞서 언급한 "안 되면 되게 하라!" 등의 슬로건도 알고 보면, 목표 달성을 위해 수단을 망각하게 하는 군사문화의 잔재이다. 이것은 농작물 수확이라는 목표를 두고 언어까지 목적어 중심으로 발달한 농경문화의 특성으로 이해할 수도 있다. 결과적으로 우리 사회가 지금까지 배타성, 목적에만 함몰되는 어리석음에서 벗어나지 못하는 가장 큰 이유는 우리의 감성적 열정이 낳은 퇴행적 부작용 때문일 수도 있다.

이제 이야기의 흐름을 대외적인 문제로 돌려보자. 월남전 참전과 해외인력 송출 및 파견 등은 우리가 일을 하고 돈을 벌 수 있는 곳이 국내에만 국한되어 있지 않다는 사실을 실감하는 계기였다. 이제 우리나라뿐만 아니라 해외 여러 나라로부터 돈을 벌어들일 수 있다는 희망이 우리에게 싹튼 것이다. 이른바 기회의 확장이었다. 월남 파병이나 광부와 간호사 독일 파견 그리고 중동의 건설근로자 송출, 브라질의 농업 이민 지원에 수많은 사람이 경쟁적으로 몰려들었던 것은 가난을 극복할 새로운 기회를 찾으려는 욕망 때문이었을 것이다.

이러한 개발의 시대에 우리 사회에는 '재벌'이라는 새로운 개념이 등장했다. 정부는 경제개발 5개년계획을 보다 효율적으로 실행하기 위해 능력 있는 기업에 각종 지원을 아끼지 않았다. 국내 개발과 해외 건설 사업 그리고 수출 사업에 뛰어든 기업들은 정부의 전폭적인 지원을 통해 부를 축적할 수 있었다.

하지만 이렇게 성장한 대기업들이 정경유착과 정부의 편파적 지원, 근로자에 대한 임금 착취 등을 일삼았다는 사실이 알려지면서 기업의 도덕성에 대한 문제가 제기되기도 했다. 따라서 국민들의 마음속에 일부 대기업에 대한 부정적 심리가 자라나기 시작했음을 부인할 수는 없다. 그러나 1970년대까지만 하더라도 대부분의 일반 서민들은 대기업의 부조리를 생각할 겨를조차 없었다. 오히려 대기업이 있어서 우리에게 일할 수 있는 기회가 주어진다고 믿었다. 재벌 기업들은 나라 경제의 발전을 위해 애쓰는 주체들로 인식되기까지 했다.

그래서 국민들은 어떤 기업이 해외에서 큰 규모의 공사를 수주하거나 높은 수출률을 달성했다는 보도를 들을 때마다 마치 자신의 일처럼 기뻐했다. 당시 국민들에게 있어 대기업은 적어도 지금 정도의 부정적 이미지는 아니었던 것이다. 그저 대기업을 통해 오래 묵은 가난의 굴레에서 벗어날 수 있을 거라는 확신, 용기와 희망만이 있었다.

그러면 1970년대에 이미 부를 획득하고 있던 사람들의 심리에는 어떤 변화가 있었을까? 시골에서 재산을 어느 정도 쌓아놓은 지주들은 나름의 위기의식을 느끼게 됐다. 도시와 기타 개발 지역에 있는 땅의 가치가 급등하면서 시골 농토의 가치가 상대적으로 떨어졌기 때문이다. 시골 논 열 마지기(2,000평)를 팔아봐야 도시에 있는 땅 몇 평조차 살 수 없었다. 그래서 시골의 중간급 부자 또는 대지주들은 도시로 가야 새로운 살길을 찾을 수 있다고 생각하기에 이르렀다. 그리하여 일부는 도시로 와서 땅 투기 등에 관심을 보였고, 일부는 시골에서 하던 정미소 등을 도시 근방으로 옮겨서 운영했다.

여기서 중요한 사실은 그들 자신이 운명적으로 부를 거머쥐고 태어났다는 생각을 더 이상은 하지 않게 됐다는 점이다. 이제는 과거의 가난했던 사람들을 무시할 수도 없을 거라는 생각도 하게 됐다. 이미 시골 농사꾼들의 자녀들이 서울로 가서 자리를 잡기 시작했고, 일부는 부동산 사업에 뛰어들어 부를 축적해가고 있었기 때문이다.

도시의 부자들은 그런대로 자신의 부를 지켜낼 수 있었다. 그들은 이미 도시에 정착했기에 개발 사업 등을 벌여 자신의 재산 가치를 더 상승시켰기 때문이다. 도시의 신흥 부자들은 기회만 잘 잡으면 재벌은 몰라도 중견 부자 정도는 될 수 있을 거라는 희망을 품게 됐다. 당시 국가적으로 바람을 타고 있던 다양한 개발 사업 때문에 부자가 되는 일이 그리 어렵지는 않았기 때문이다. 경제·사회적으로도 1970년대는 유교적 전통에 사로잡혔던 원초적이고도 농경적인 사고가 서서히 소멸하고, 자본주의가 자리를 잡아가고 있었다. 따라서 농촌이나 도시를 막론하고 부와 빈에 대한 운명론적인 관념이 사라지고 새로운 심리적 태도가 나타나기 시작했다. 개천에서 용이 날 수도 있었고, 시골 지주들의 재산 가치가 도시의 중간급 부자만도 못할 정도로 하락하는 일도 있었다. 즉 누구나 기회를 잘 만나 한 건을 터뜨리면 부자가 될 수 있었고, 재벌급이 아닌 부자들이 자칫 시대에 적응하지 못하면 재산을 몽땅 다 잃을 수도 있었다. 한마디로 희망과 우려가 교차하는 시대였던 것이다.

중산층으로서의 자부심

1979년 출판된 직후부터 1980년대 초까지 미국 사회에서 큰 주목을 받았던 책이 한 권 있었다. 바로 정신분석적 사회이론가 1세대인 래시(Christopher Lasch)가 쓴 『자아도취주의 문화(*Culture of Narcissism*)』이다. 정신분석적 이론을 적용해 사회현상을 연구하는 필자에게 많은 도움이 된 책이다. 20세기 말의 발달된 과학기술과 경제적인 풍요로움은 사람들로 하여금 지적 가치보다는 물질적 가치만을, 사회 전체의 도덕적 가치보다는 개인주의적 가치만을 추구하도록 부추겼다. 이는 생산보다 소비가 강조되는 시장경제 체제와 거대한 관료제 안에서 개인이 느끼는 무기력함, 예측불가능한 미래에 대한 불안감 때문에 일어난 사회구조의 변화 때문이다. 이러한 사회·문화적 현상을 래시는 '자아도취주의'라 규정했다. 명예나 권위의 가치 추락, 늙음에 대한 두려움, 내일에 대한 불안과 공허함, 순간만을 즐기려는 태도, 단순한 육체적 쾌락 추구, 살벌한 경쟁에 대한 회피 심리 등이 자아도취주의의 특징이다. 이러한 특징 때문에 인간은 외부의 문제에는 거의 신경을 쓰지 않으면서 자기 자신만 행복하고 즐거우면 된다는 자아도취적 문화에 젖게 되었다고 래시는 설명한다.

1970년대에 들어서면서 미국과 서유럽을 위시한 경제적 선진사회는 과학의 놀라운 발전에 힘입어 전례 없이 편리하고 풍요로운 시대를 맞이한다. 곳곳에 경제만능주의적인 사고가 만연한 시대가 된 것이다. 많은 사람들이 부를 향유하게 되었기 때문일까? 타인으로부터 간섭받는 걸 싫어하고, 정부의 힘 또는 구시대적인 권위에도 신경을 쓰지 않으려는 움직임이 일어났다. 그간의 과도한 경쟁으로 인한 피로감을 벗어나, 부를 바탕으로 자신만의 쾌락을 충족시키려는 심리적 욕구가 발현한 것이다. 따라서 사랑이 지니는 순수성, 국가나 사회를 향한 공공성이나 애국심, 보이지 않는 지식이나 지혜에 대한 존경심 등이 자취를 감추었다. 이런 상황에서 타인과의 솔직한 대화는 물론 인간애라는 가치 또한 더 이상 찾기 어려워졌다. 남은 것이라고는 더 젊고 건강하게, 아름답게 보이고 싶은 욕망과, 육체적으로 즐거운 나날을 보냄으로써 남들이 부러워하는 삶을 살고픈 욕구뿐이었다.

1980년대 후반에 한국의 중산층이 느끼는 감성적인 특징은, 래시가 지적한 서구 사회의 자아도취주의의 특징과 비슷한 면을 지녔다. 경제 사정이 차츰 나아지고 자본주의의 혜택을 누리게 되면서 과거의 지긋지긋한 가난으로부터 탈피할 수 있다는 희망이 자신감으로 연결됐다. 그 결과 자신의 생활을 즐기려는 태도가 생겨난 것이다. 좋은 세상을 만났으니 이제 오래 살아야겠고, 그러려면 건강을 챙겨야겠다는 생각이 만연했다. 그 결과 갖가지 건강식품에 대한 관심이 높아졌다. 또한 좋은 옷을 입고 맛있는 음식을 먹으면서 개인 생활을 즐기려는 사람들도 늘어났다.

1990년대 초부터 나타난 생수공장의 붐도 사실은 이러한 시대적 심리가 반영된 현상이라 할 수 있다. 오랫동안 농경문화에 젖어있던 우리나라에서 물이 상품화된다는 것은 상상할 수도 없던 일이었다. 그런데 그간 산업사회로 급격하게 변화하던 중 환경오염이라는 새로운 복병과 맞닥뜨렸다. 이 복병 앞에서 이제 건강을 챙겨야겠다는 마음이 자연스럽게 생겨났고, 그것이 결과적으로 생수의 상품화를 부추겼다. 지독한 가난을 극복하기 위한 열망이 높았던 개발시대에는 환경오염이 큰 두려움을 불러일으키지 못했다. 그러나 어느 정도 생활이 안정되어서야 오염된 음식이나 물이 우리에게 큰 두려움으로 다가왔다.

자신의 개인적인 삶을 즐기고 누리려는 심리도 강해졌다. 고루한 유교적 가치는 우리를 피곤하게 만드는 불편한 유산이 되고 말았다. 이제 양반과 천민의 시대도 사라졌으니 돈만 있으면 무엇이든 할 수 있다는 생각이 널리 퍼졌다. 사회적 권위나 인간에 대한 존경의 의미마저 경제적인 힘에 따라 새롭게 인식되기 시작했다. 가난했던 시절에는 할 수 없었던 것들을 함으로써 스트레스를 풀려는 심리가 싹트기도 했다. 많은 사람들이 자가용을 타고 나가 외식을 즐기게 된 것은 그러한 이유에서였을 것이다.

육체적 즐거움을 느끼기 위한 행동도 늘어났다. 중년층의 상당수는 '묻지마 관광버스'를 탔다. 우리나라에서 관광이라는 것은 관광지의 역사·문화적 의미를 체험하는 것 이외에 멀리 떠나서 남에 눈에 띄지 않는 일탈 행위를 해보고 싶다는 심리까지 포함하고 있는 것 같다. 1990년대 초 전국에 유행처럼 번진 '러브모텔'의 출현도 우리의 일탈 심리를 단적으로 보여준다. 사람들은 누구의 눈치도 보지 않고 이곳에서 맘껏 애정을 나눌 수 있었다. 이러한 현상들이 곧 래시가 제시한 자기도취주의 문화의 일부라고 해도 과언은 아닐 것이다.

그러나 당시 한국 사회에는 래시가 지적한 것과는 다소 차이가 나는 색다른 현상이 벌어졌다. 그 대표적인 것으로 국가에 대한 심리와 상호간에 발생한 경쟁심을 예로 들 수 있다. 1980년대 초만 하더라도 우리는 이민이나 출장 등으로 외국에 나가는 사람들을 부러워했다. 그러나 1990년대에 접어들면서 굳이 이민을 갈 필요가 없어졌다. 한국도 충분히 살 만한 나라가 된 것이다. 그래서 외국에 나가는 일이 예전처럼 부러운 일이 되지 못했다. 이는 경제가 발전함에 따라 한국인으로서의 자부심이 그만큼 생겨났음을 의미하기도 한다. 따라서 래시가 지적한 서구 선진국에서의 애국심 퇴조 현상이 적어도 우리나라에는 나타나지 않았던 것 같다.

래시는 그간 새로운 산업사회에 적응하기 위해 벌였던 과도한 경쟁이 만든 피로감을 언급했다. 치열한 경쟁이 빚은 수많은 상처와 고통이 현대사회의 중요한 특징 중 하나라고 지적한 것이다.

그러나 우리 사회에서 경쟁심은 퇴조하지 않았다. 새로운 시대, 누구나 잘 살 수 있는 시대를 맞아 나를 즐기는 것은 물론 중요하지만, 이러한 삶을 유지하기 위해서는 지속적인 노력이 필요하다는 인식 때문에 경쟁심은 더욱 강화될 수밖에 없었다. 남보다 넓은 아파트에 살고 더 좋은 차를 타기 위해서는 열심히 노력해야 하니 경쟁의 끈을 놓을 수가 없는 것이다. 아파트가 몇 평인지, 어떤 차를 타고 다니는지에 따라 사람에 대한 평가가 좌우되기도 했다. 더 넓은 집, 더 좋은 차에 대한 부러움은 경쟁심을 끊임없이 부채질했다.

특히 젊은 층들의 경쟁 심리는 더욱 강력해졌다고 해야 할 것이다. 적어도 대학은 졸업해야 사람 취급을 받는다는 생각에 많은 학생들이 대학에 가려는 욕망에 시달렸다. 그리고 가능하면 일류 대학을 졸업해야 미래를 보장받을 수 있다는 통념 때문에 학생들의 생활은 더욱 고달파졌다. 사교육이 극성을 부리기 시작한 것도 이때부터라고 할 수 있다. 산업사회로 변모하면서 대학 간의 경쟁은 더욱 심해졌고 그에 따라 사교육 시장도 크게 늘어난 것이다. 못 배운 것에 대한 한을 풀기 위해서였는지 우리나라의 교육열은 어느 나라보다 강했다. 1990년대 초·중반에 대학교가 엄청나게 많아진 것은 이러한 우리의 열망을 잘 보여주는 예라고 할 수 있다. 그러니 우리 사회에서 경쟁심은 사라진 게 아니라 오히려 더 강력해졌다고 볼 수 있는 것이다.

당시 한국인들은 미래에 대한 희망을 강하게 지니고 있었다. 모든 사람들이 다 잘 살았던 것은 물론 아니지만, 시대가 변했고 이제는 적어도 굶거나 헐벗지 않아도 살 수 있다는 생각, 그리고 잘만 하면 재벌까지는 아니더라도 남부럽지 않은 생활을 할 수 있다는 자신감과 희망이 있던 시기였다. 정확한 자료는 찾지 못했지만 당시의 설문조사가 있다면 아마도 스스로를 중산층이라 생각하는 이들의 수가 상당히 많았을 것이라는 생각이 든다.

이러한 상황에서 '중산층'은 재벌과 자신의 처지를 직접적으로 비교하지는 않았던 것 같다. 설령 비교를 했더라도 그 차이를 그리 심각하게 생각하지 않았을 수도 있다. 재벌이 부러움의 대상이 되고 있는 것만은 사실이었다. 그러나 자신도 어느 정도 재력을 유지하고 있는데, 굳이 재벌들에 대한 질시와 미움을 가질 이유가 없는 것이다. 이러한 태도는 재벌이 가지고 있는 부의 독점성이 자신에게 피해를 끼칠 거라는 인식을 하지 않았기 때문이기도 하다.

그리고 소수의 용기 있는 사람들은 자신도 재벌의 반열에 들 정도의 부를 축적하겠다는 욕망을 품고 있었다. 1980년대 말부터 1990년대까지는 신도시와 기존 시가지 개발에 따른 다양한 시행 사업과 아파트 건설 등이 잇따랐는데, 이때 많은 돈을 일시에 획득한 사람들이 많았기 때문이다. 또한 개인 토지가 각종 개발 사업 때문에 보상을 받게 되어 일시에 엄청난 현금을 거머쥔 사람도 많았다.

시장경제 체제에서의 위기의식

1990년대 중반까지 잘나가던 한국 경제는 갑자기 큰 암초를 만났다. 바로 앞서도 언급했던 1997년 말 외환위기와 IMF 구제금융 신청이다. 외환위기는 고도의 압축성장을 거듭해온 대한민국이 언젠가 맞닥뜨릴 거라 예측되었던 사건이지만, 정작 국민들에게는 매우 생소한 경제적 위기였다. 이러한 위기를 통해 한국인들은 국가 경제와 자신의 경제 조건이 얼마나 밀접히 연관되어 있는지를 새삼 깨달았다. 아울러 기업에 대한 인식도 새롭게 바뀌는 계기가 됐다.

외환위기를 통해 가장 먼저 깨닫게 된 것은 거대 기업도 도산할 수 있다는 사실과, 국가도 부도가 날 수 있다는 사실이었다. 개발시대를 거치며 거대해진 재벌 기업들은 그 덩치가 너무 커서 결코 부도가 날 수 없을 거라는 게 일반인들의 생각이었다. 하나의 대기업이 망하면 그와 연결된 수많은 하청업체도 함께 도산할 테니 정부적 차원에서라도 최악의 상황을 막아주지 않겠는가 하는 순진한 생각을 가지고 있었다. 그러나 외환위기를 겪고 나서는 대기업도 부도를 맞을 수 있고, 심각한 경우 정부조차 이를 구제할 수 없다는 사실이 입증되고

만 것이다.

그리고 은행도 부도가 날 수 있다는 사실을 그동안은 누구도 생각하지 못했다. 그간 한국의 은행들은 정부의 공적기관 같은 이미지를 가지고 있었다. 그래서 돈은 은행에 맡기는 게 가장 안전하다고 생각했다. 하지만 은행이 싼 이자로 외국으로부터 돈을 차입해 국내에서 돈 장사를 하고 있었다는 사실을 아는 사람은 그리 많지 않았다. 설령 이 사실을 안다 하더라도 정부가 이를 보증하기 때문에 문제가 없을 거라 생각했다. 그러나 외환위기를 맞아 은행도 부도가 나면서, 국민들은 은행에 대한 신뢰를 잃을 수밖에 없었다. 또 대기업과 은행 등의 도산은 국가에 직접적인 영향을 미쳤고, 정부 또한 고강도의 구조 개혁을 단행해야 했다.

나라 잃은 설움을 이미 경험해보았기 때문에 언제나 국가라는 존재는 우리에게 중요한 의미로 각인되어 있었다. 해방 이후 우리 국민들은 그간의 고속성장을 통해 국가에 대한 커다란 자부심을 느끼기도 했다. 이러한 이유로 국민들은 어떤 일이 있어도 국가의 부도만큼은 막아야 한다는 생각을 함께 하게 된 것이다.

외환위기 당시 보여준 우리의 '금 모으기 운동'은 이러한 국민의 정서를 단적으로 나타내는 좋은 예라고 할 수 있다. 이 때야말로 '우리'라는 이름으로 뭉치는 한국인의 응집력이 최고조로 발휘됐던 순간이다. 그리고 정부의 외환위기 극복을 위한 각종 정책들을 적극적으로 호응하고 따랐던 것도 바로 우리 국민 특유의 애국심 때문이었을 것이다.

게다가 기업의 구조조정 때문에 직장을 잃었지만 국가를 위한 불가피한 정책이라 생각하고 이를 받아들이려는 사람들도 있었다. 덕분에 우리는 세계적으로 유례를 찾기 어려울 정도로 빠른 시일 안에 빚을 다 갚아냈다. 엄청난 속도로 'IMF 졸업'을 하게 된 것이다.

외환위기를 거치면서 우리 국민들은 몇 가지의 교훈을 더 얻게 되었다. 그중 하나는 방만한 경영, 특히 자기 자본의 비율이 낮은 상태에서 무리하게 남의 돈을 끌어들여 기업을 확장하던 시대는 지나갔다는 사실이다. 한때는 남의 돈일지라도 무조건 끌어들여 사업을 확장하는 일을 중요하게 여겼다. 그러나 이제는 남의 돈만 갖고 장사를 하는 것이 매우 위험한 일이라는 걸 모두 깨달았다. 이것은 비단 대기업뿐 아니라 소규모의 사업체에까지 적용할 수 있는 귀중한 교훈이었다.

우리는 또 기업의 경쟁력을 위해서는 세계시장을 기준으로 삼아야 하기 때문에, 국내에서 분야별로 서로 중복투자를 하는 일은 제살 깎아먹기에 불과하다는 사실을 깨달았다. 즉 문어발식으로 사업을 확장하는 일이 더 이상 시장에서 통하지 않음을 알게 된 것이다. 이러한 이유로 우리는 정부가 관여한 분야별 집중 사업의 재배치와 각종 권유에 동의하는 자세를 보였다.

그러나 한편으로는 기업이 분야별 사업을 독점할 것을 우려했고, 특정 분야의 후발주자들이 큰 어려움을 겪게 될 것이라는 생각도 하게 됐다. 이 말을 바꾸어 보면 과거 경제 사정이 좋을 때는 어떤 업체든 대기업이 될 수 있을 거란 희망을 가졌지만, 외환위기를 거치면서 신생 기업이 성공하는 것이 얼마나 어려운지 절감하게 되었다는 것이다.

아울러 우리는 이제 전문화의 시대가 오고 있음을 알았다. 구조조정을 통해 직장을 잃은 사람들은 평생직장의 시대가 지나갔음을 피부로 느끼기 시작했다. 설령 지금 직장을 유지하고 있더라도 상황이 안 좋으면 언제라도 내쫓길 수 있다는 불안감이 싹트게 되었다. 이러한 위험에서 벗어나려면 어떻게 해야 할 것인가? 그것은 바로 전문성 확보이다. 우리 국민들은 이러한 내용을 잘 알고 있었다. 그런데 문제는 전문성을 확보하는 것이 그렇게 쉬운 일이 아니라는 점이다. 하루가 멀다 하고 새로운 기술과 지식이 홍수처럼 쏟아져 나오는데 이에 대응할 능력을 배양한다는 것은 얼마나 어려운 일인가. 그러니 직장생활을 유지한다는 것 자체가 고통과 근심으로 다가오게 된 것이다.

따라서 외환위기 이후 한국 사회는 전문성 확보라는 이름

아래, 경력(스펙) 쌓기에 열을 올리는 젊은이들을 여기저기서 볼 수 있게 됐다. 컴퓨터를 다루는 능력과 외국어 구사 능력은 필수이고, 자기만의 독특하고 개성 있는 지식이 없으면 취직 자체가 어렵다는 생각이 만연했다. 직장이 있는 사람들까지도 이 문제를 심각하게 받아들이기 시작했다.

이런 상황에서 기업들이 경쟁력 제고라는 미명 아래 정규직의 수를 줄이자 임시직은 날로 늘어났고, 노동시장 자체에도 차별이 발생했다. 노동시장이 정규직과 비정규직이라는 독특한 이중구조로 변모하면서, 그간 화이트칼라임을 뽐내던 직장인들과 기술을 가진 상근근로자들 모두 언제라도 직장을 잃거나 비정규직으로 추락할 수 있다는 강박감에 시달리게 된 것이다.

많은 이들이 부동산 가치에 대한 두려움을 느끼게 된 점도 언급하지 않을 수 없다. 과거에는 토지나 건물 같은 부동산은 한 번 구입하고 나면 그 가치가 떨어질 줄을 몰랐다. 그러나 외환위기 이후 부동산의 값이란 경우에 따라서는 한없이 추락할 수도 있는 것이란 사실이 여실히 증명됐다. 그리고 한국 사회의 개발 사업이 예전처럼 활발해질 수도 없었기 때문에 부동산에 대한 투자 의지도 꺾였다. 그간 부동산 가치가 상승한 덕분에 스스로를 중산층이라 규정할 수 있었던 사람들마저 더 이상의 재산 증식에는 한계가 있다는 사실을 깨닫기 시작했다.

　한마디로 외환위기를 통해 우리들은 시장경제 체제의 속성을 온몸으로 체험한 것이다. 대기업도 맹목적인 문어발식 기업 확장을 하다가는 언제 실패할지 모른다, 이제 자기 자본 없이는 어떤 사업이건 성공하기 어렵다, 평생직장의 시절은 갔으며 전문성이 없으면 직장을 구하기가 너무나 어렵다 등 앞서도 언급했던 이러한 생각을 모두가 확고히 하게 됐다. 1980년대 후반부터 중산층으로서의 자부심을 느꼈던 이들의 희망이 상당수 파괴되면서 미래가 두려워졌다. 결국 외환위기를 통해 부자는 부자대로 가난한 사람들은 가난한 대로, 직장인은 직장인대로 기업가는 기업가대로 무언가 새로운 활로를 찾아야만 시장경제 체제의 냉혹한 현실에서 생존할 수 있다는 위기의식을 갖게 되었다.

상대적 빈곤 심리의 확산

　외환위기를 통해 느낀 위기감은 새로운 천년의 시작인 21세기에 들어와서도 가라앉지 않았다. 당시에 외환위기를 성공적으로 극복했다는 정부의 발표는 일시적으로 우리를 기쁘게 했지만, 우리의 삶은 좀체 나아질 기미를 보이지 않았다. 외환위기 극복 이후 일시적으로 고무된 대중의 심리가 오히려 '카드 대란'이라는 엄청난 문제를 일으키고 말았다. 이른바 신용불량자를 대거 양산한 결과를 낳은 것이다.

신용불량이란 말은 외환위기 당시에 등장해 2002년 카드 대란 이후에 더 자주 쓰이는 말이 됐다. 전산기술의 발달로 한 금융사의 문제가 금융사 전체와 연계되는 시스템이 구축되었기 때문에 한쪽에서의 실수로 벌어진 문제는 돌이킬 수 없는 방향으로 치닫게 된다. 개인과 금융사 양자 간의 문제가, 전혀 관련이 없어 보이는 데까지 영향을 미치는 시대가 된 것이다.

그리고 2008년 미국 금융위기의 기본 원인이 된 서브프라임 모기지 사태는 실질적으로 우리의 부동산 시장에도 큰 영향을 미쳤다. 그간 부동산의 끝없는 상승기류 때문에 시간이 흐를수록 부동산의 가치는 높아질 수밖에 없다는 인식이 팽배해 있었다. 그 근저에는 사람 많고 땅 좁은 곳에서는 부동산의 가치가 낮아질 수 없을 거라는 논리가 깔려 있었다. 그러나 부동산 구입을 위해 대출한 이자와 상승한 부동산의 가격이 조화를 이루지 않는다면, 부동산은 더 이상 재산 증식의 도구가 될 수 없었다.

은행권도 과거와는 달리 부동산 담보 가치를 사정없이 축소해 적용함으로써 부동산 구입을 위한 자금 부담이 늘어나게 됐다. 자연히 부동산 시장은 위축될 수밖에 없었다. 결국 부동산 가격 자체가 하락하기 시작했다. 따라서 집을 한 채만 가지고 있는 서민들 역시 재산이 늘기는커녕 줄어든다는 사실을 절감할 수밖에 없었다.

또 평생직장이라는 개념이 소멸되면서 갈수록 취업은 어려워지고, 일을 하고 있다 하더라도 언제 회사에서 나가게 될지조차 모르게 됐다. 이런 상황에서 근로자들의 한숨은 늘어갈 수밖에 없다. 특히 정규직과 비정규직의 임금을 차별하는 등의 부조리한 정책은 비정규직 근로자들에게 큰 심리적 상처를 줬다. 경기가 좋지 않아서 최저임금 정도의 돈도 벌지 못하는, 무늬만 사장인 자영업자들도 한없이 늘어나고 있다. 이는 앞서 지적한 선진국 증후군으로서 경제성장이 둔화되면서 벌어진 결과로, 서민들의 소비 심리가 위축된 이유이기도 할 것이다.

한 조사에 따르면 2014년 3분기(7~9월) 실질 국민소득이 전 분기 대비 0.3퍼센트에 불과하다고 한다. 이것이 소비 심리가 위축되어가는 이유다. 그리고 앞에서 지적한 바와 같이 노인 인구의 급증과 극심한 생활고 같은 문제들도 새롭게 등장하고 있다. 은퇴 후 편안히 여생을 보내야겠다는 기대는 산산조각이 나고 파트타임으로나마 일을 해야만 생활이 유지되는, 인생 후반부의 고달픔까지 모두 짊어져야하는 시대가 온 것이다. 참고로 2014년 10월 영국에 본부를 둔 국제 노인인권 단체인 '헬프에이지 인터내셔널(Helpage International)'의 발표에 따르면 우리나라 노인 복지의 수준은 96개국 중 50위를 차지한다고 한다.

이 와중에 앞서 지적한 바와 같이 점점 극심해지고 있는 부의 편중 현상은 서민들을 더욱 초라하게 만들고 있다. 필자가 앞서 언급한 밑이 아주 넓은 에펠탑 모양의 사회 계층 분포도가 고착화 되어가고 있는 느낌마저 든다. 과거에 스스로를 중산층이라 여겼던 사람들이 가난한 서민으로 추락해버린 뒤에 심리적 자괴감을 느끼는 것은 어쩌면 당연한 일인지도 모른다.

우리는 시장경제 체제 덕분에 과거에는 꿈도 못 꾸었던 마이카의 시대와 잘 먹고 잘 입는 시대를 맞이했다. 그것은 부인할 수 없다. 그런데 이제는 소수의 부자들이 여전히 천문학적으로 부를 축적하고, 대다수의 서민들은 하루 끼니를 걱정해야 하는 시대가 된 것이다. 더욱 중요한 것은 아무리 생각해도 이 어려움을 극복할 수 있는 묘수가 떠오지 않는다는 점이다. 이것이 우리를 더욱 슬프게 하고 있다.

과거의 개발시대에는 한 번 기회를 잘 잡으면 큰돈도 벌수 있으리라는 희망이 있었다. 그리고 열심히 일하면 좋은 일자리도 얻을 수 있다는 기대 심리가 있었다. 그러나 지금은 경제적 신분을 향상시킬 어떠한 사다리도 찾을 수 없는 상황이 되어버렸다.

현재를 살아가는 대부분의 사람들은 전셋집에 살거나 월세를 내며 살더라도 과거보다는 좋은 환경에 살고 있다고 볼 수 있다. 중고차에 불과하더라도 자신의 자동차 정도는 가지고 있다. 가끔 소주도 먹고 고기도 먹는다. 생각하면 과거에는 부자들만이 할 수 있었던 일을 하고 있다. 또 가는 곳마다 온·냉방 시설이 돼있어 추위와 더위도 그럭저럭 이겨내며 살 수 있다. 교통도 편리하여 전철이나 버스를 타면 저렴한 비용으로 어디든 갈 수 있다. 건강보험 체계도 잘 돼 있어, 큰 병원에서 치료를 받을 수도 있다.

그런데 하나도 기쁘지 않다. 미래가 보이질 않는다. 부자들은 하루아침에 주가가 올라 몇 백억, 몇 천억이 넘는 돈을 벌어들인다. 좋은 외제차를 타고 기사를 대동하며, 각종 명품들을 몸에 두르고 상상을 초월하는 대저택에 살고 있다. 대다수의 서민들은 자신과 그들을 비교하며 상대적 빈곤감을 어느 때보다도 심하게 느끼고 있는 것이다.

과거에는 재벌에 대한 거부감이 지금처럼 크지는 않았다. 한때는 그들을 국가 발전에 이바지하는 견인차라 여기기도 했다. 외국에 나갔을 때 우리 대기업이 만든 광고판이 보이고, 그들의 제품이 일류 백화점에 진열되어 있는 것을 자랑스럽게 여겼던 것이다. 그러나 지금은 대기업을 바라보는 부정적인 시선이 늘어나고 있는 실정이다. 일부 대기업들은 창립 초기에 정부의 절대적인 지원을 받았음에도 임금 착취나 거대

자금을 이용한 부동산 투기 등 부정적인 방법으로 부를 축적했다. 그런데 그 축적한 부에 대한 사회적 환원의 정도가 너무나 미약하다는 생각에, 부정을 저지른 재벌들은 물론 재벌 회사 전체에 대한 거부감이 확산되기 시작한 것이다. 정부의 지원과 우리 서민들의 희생 위에 얻게 된 부이므로 그것을 사회에 환원하려는 노력이 있어야 하는데 그런 모습이 부족하다는 것이다.

물론 많은 기업들이 다양한 분야에서 나름의 사회적 책무를 이행하려 노력하고는 있다. 그런데 이 노력들이 국민의 기대치에 못 미치고 있기 때문에 재벌에 대한 서민들의 분노는 계속 증가하고 있는 것이다.

그리고 하청업체에 대한 대기업의 횡포, 중소기업의 업종까지 싹쓸이하려는 무모한 확장 등은 기업의 도덕성까지 의심케 한다. 일일이 언급할 수는 없지만 수많은 재벌 가족들의 개인적이고 몰염치한 횡포는 대기업에 대한 이미지를 더욱 부정적으로 몰아가고 있다. 물론 선량한 기업주들도 많을 것이다.

사실 제1세대 기업주들은 정부의 지원 여부와 관계없이 대부분 자수성가를 했기 때문에 서민의 어려움도 어느 정도 알고 겸손해할 줄도 알았다. 그러나 부가 세습되면서 2세, 3세들은 어려움을 모르고 자랐기 때문에 서민의 애환을 모르는 경우가 대부분이다. 2세까지만 하더라도 어린 시절 부모의 모습을 봐왔기 때문에 사람에 대한 무례함이 그나마 덜한 편이다. 그러나 부의 세습이 3세로까지 연결되고 있는 지금의 상황에서 재벌 3세들의 무례함은 일일이 거론치 않더라도 잘 알고 있을 것이다. 이러한 행위들이 부에 대한 미움을 증가시키고 있다 해도 과언은 아니다.

북한의 세습체제는 그렇게 비판하면서 왜 우리 사회에서 이뤄지는 부의 세습은 그대로 허용하는가? 이 문제를 논하자면 또 한참 말이 길어질 것이다. 한 가지만 확실히 말한다면 21세기 자본주의 체제에서 대주주가 기업 경영의 방향을 무조건적으로 주도하는 것은 결코 바람직하지 않다는 사실이다. 한마디로 소유와 경영은 분리되어야 한다는 것이다. 주식 증여 등의 편법으로 경영권을 세습하려 하는 한국 재벌의 행태는 분명 선진적이라고 볼 수 없다. 따라서 앞으로 이 문제는 한국 경제의 건전한 성장과 사회적인 위화감 해소를 위해서라도 적극적으로 논의되어야 할 것이다.

참고로 2012년의 한 조사를 보면 재벌 가족들이 입사 후 임원이 되는 기간은 평균 6.57년으로 일반 대졸 신입사원의 21.2년에 비해 무려 15년이나 빠른 것으로 나타나고 있다. 그런데 2015년 2월 발표된 기업 경영성과 평가 사이트 CEO스코어에 따르면 30대 그룹 총수일가 3·4세들은 평균 28살에

입사해서 3.5년 만에 임원으로 승진한다고 한다. 한 언론은 전문가들의 입을 빌어 쉬운 승진, 쉬운 일만 담당하는 것, 국적 불명, 자기만의 세계에 고립되는 것, 회사 내에서만 받는 경영 수업, 회사에 부담이 되는 과도한 경영권 승계 비용 등을 재벌 3·4세의 문제점으로 지적하고 있다.

거기에다 개발시대 이후 등장한 어설픈 졸부들의 태도도 우리 서민들의 눈살을 찌푸리게 만든다. 기회를 잘 만나 부동산 사업 등으로 부를 축적한 사람들도 이미 도덕성을 잃어가고 있다. 자신들이 능력이 좋아서 부를 이루었다고 착각하며 으스대는 것이다.

이들을 포함해 상당수의 부자들이 탈루한 세금의 액수는 경악을 금치 못할 정도이다. 돈을 벌었으면 세금을 내야하는데 이 모양 저 모양으로 재산을 빼돌리고, 서류상으로는 가진 것이 없는 척 위조하여 세금은 한 푼도 내지 않으려 한다. 호화로운 생활을 즐기면서도 끝끝내 세금을 탈루하고 체납하는 몰염치한 이들을 고발하는 기사를 연말만 되면 심심찮게 볼 수 있다.

최근 기사에 따르면 2014년 말 관세청은 고액 상습 세금체납자 80명의 명단을 공개하였는데 그 체납액수는 1인당 평균 무려 21억 원이나 된다고 한다. 이러니 돈 있는 자에 대한 이미지가 도매금으로 손상되는 것이다. 이런 보도를 볼 때마다 정당하게 세금을 내고 사는 서민들은 자신만 못난 사람이 된 것 같아 괜히 마음이 슬퍼진다.

다수의 서민들은 부자가 되기를 원하는 것 같다. 언제부턴가 인사말로 "여러분, 부자 되세요!"라는 말이 유행하기 시작했다. 자본주의 체제에서 돈이 생활을 좌우하는 가장 기본적인 요소임을 우리는 잘 알고 있다. 그래서 우리는 모두 부에 대한 부러움을 가지고 있는 것이다.

그러나 지금과 같이 빈부의 격차가 심화되고 특히 부의 편중 현상이 노골화되고 있는 현실에서 부에 대한 부러움은 점점 미움으로 변해가고 있다. 특히 서민들이 더 이상의 부를 이뤄내기 어려운 상태라면 부자들에 대한 그들의 마음이 마냥 관대해 질 수만은 없는 것이다.

이런 이유로 오늘날 대다수의 서민들은 부를 선망하면서도 한편으로는 부자를 미워하는 양면적 심리를 가지고 있다. 부가 부러움의 대상이라면, 이를 누리는 사람들은 존경의 대상이 되어야 한다. 마치 학식을 원하는 사람들이 학식이 높은 사람을 존경하듯이 말이다. 그런데 우리 사회에서 부자들이 취하는 행동은 우리에게 모범이 되기보다는 오히려 반감만을 불러일으킴으로써 부는 부러워하되 부자는 미워하는 심리가 팽배하게 된 것이다.

부에 대한 부정적 심리는 사회가 불공정하다는 인식마저

부추기고 있다. 지금 대다수 국민들은 부의 편중 현상이 불공정하다는 인식을 분명히 가지고 있다. 2012년 영국의 BBC가 선진국과 개발도상국 22개 나라를 대상으로 한 설문조사에 따르면 한국인의 80퍼센트 이상이 "(대한민국이) 경제적으로 불공정하다고 느끼고 있다"고 응답했다고 한다. 불공정에 관한 이러한 인식은 결국 사회가 정의롭지 못하다는 생각으로 발전한다. 미국 하버드대학교의 마이클 샌델(Michael Sandel: 1953~) 교수가 쓴 『정의란 무엇인가(*JUSTICE: What's The Right Thing to Do*)』라는 책이 2010년 7월, 국내 베스트셀러 1위가 되고, 2012년 6월까지 130만부 이상이나 팔렸다는 것은 우리들 사이에 정의에 대한 의문이 매우 강하게 제기되고 있다는 사실을 여실히 증명하고 있다.

가난을 벗어나기 위한 심리적 대응

　빈부격차가 갈수록 심화되고 있는 21세기 시장경제 체제에서 우리는 가난을 탈출하기 위해 어떤 마음을 가지고 있는가? 모두가 말로는 희망을 갖고 열심히 노력해 보자는 의지를 천명할 것이다. 그러나 내면적으로는 많은 갈등을 겪고 있는 것 또한 부정할 수 없다. 그러면 가난을 탈출하기 위한 우리 내부의 심리적·무의식적 대응 방법에는 어떤 것이 있을까? 이를 살펴보는 일은 매우 중요하다. 가난의 극복과 탈출을 위한 심리적 대응은 개인의 삶은 물론 기존의 사회질서에 강력한 영향을 주기 때문이다.

전문성과 블루오션의 추구

21세기 지식정보화 시대에는 누구나 전문성이 있어야 나름의 길을 개척할 수 있다. 이것은 많은 사람들이 동의하는 생각이기도 할 것이다. 그래서 지금의 가난을 탈출하려면 자신만의 전문성으로 우리가 아직 모르고 있는 새로운 공간(시장), 이른바 '블루오션(Blue Ocean)'을 개척해야 한다. 이런 주장은 최근 젊은 층을 위한 자기계발 관련 강의에 자주 등장하는 내용이다.

사실 전문성과 관련한 이야기는 나이가 들어 은퇴한 사람들에게도 유효하다. 거창하고 새로운 지식은 아니더라도 자신이 잘 할 수 있는 분야를 잘 개발하면 노후에도 이를 통해 일을 할 수 있다. 전문성을 하나의 취미로 연결시키면 심리적 안정을 취하는 데도 중요한 역할을 할 수 있다. 꼭 경제적인 안정이 걸린 문제가 아니라도 말이다. 따라서 우리는 모두 전문성 배양에 많은 관심을 가져야 한다. 실제로 많은 이들이 관심을 가지고 있는 주제이기도 하다.

요즘에는 무엇이든 한 가지만 탁월하게 잘하면 크게 성공할 수 있다. 이것은 곧 전문성과 연결된다. 그 대표적인 예를 예체능 분야에서 찾을 수 있다. 올림픽에서 메달을 딴다거나 프로선수가 되기만 하면 상당한 부를 누릴 수 있다. 예술과 연예 분야에서도 마찬가지다. 자신의 분야에서 최고가 되기만 하면 많은 사람들의 존경을 받고 부도 챙길 수 있다.

과거에는 사회적 가치가 한 곳으로 모여들었기 때문에 정치인, 법률가, 의사가 되거나 학술적인 노력으로 박사를 받는 일이 존경의 대상이 되었지만 이제 그런 시대는 지나갔다. 지금은 어느 분야든 거기서 1등만 하면 모든 것이 해결되는 세상이 된 것이다. 이러한 현실을 두고 많은 사람들은 한 곳으로만 가면 1등은 한 명뿐이지만, 다섯 방향으로 가면 1등이 다섯 명 생기고, 열 개의 방향으로 가면 열 명의 1등이 생기므로, 자신만의 독특한 방향을 설정하는 것이 이 시대를 살아가는 지혜라고 말한다.

물론 전문성을 확보한다거나 자기만의 블루오션을 만드는 일이 그렇게 쉬운 일은 아니다. 우선 전문성을 확보한다는 것은 그에 따른 상당기간의 노력이 필요하기 때문이다. 노력은 교육과 직결된다. 그런데 형편이 어려운 사람들은 교육에 필요한 비용을 감당하는 것조차 매우 어렵다. 최근, 학력이 가정의 경제력과 밀접한 관련이 있다는 발표가 종종 나오고 있다. 학업 성취도의 면에서 경제적으로 불리한 조건을 극복하고 우수한 성적을 거둔 학생이 한국의 경우 11퍼센트밖에 되지 않는다는 통계 자료도 있다.

그러니 사회·경제적으로 어려운 처지에 놓여 있으면 학업

성취가 잘 이루어지지 않는다는 결론이 나온다. 따라서 형편이 어렵다면 전문성을 배양하는 일 역시 불가능에 가깝다. 과거에는 "개천에서 용 난다"는 격언이 우리에게 희망이라도 주었지만 그 말은 이제 옛 이야기가 되고 말았다.

한국교육개발원의 한 연구원이 시행한 성인 남녀 510명(교사 포함)에 대한 설문조사에 따르면 전체 응답자의 70퍼센트가 개인의 능력만으로는 원하는 직업을 택할 수 없다고 생각하는 것으로 나타났다. 그것은 곧 경제적인 수준과 능력이 직업 선택에 있어 고려 대상이 된다는 얘기다. 그리고 자신의 노력으로만 명문학교에 갈 수 있다는 데 부정적인 견해를 보인 사람들이 응답자의 68퍼센트에 이르는데 20~30대의 83퍼센트가 특히나 부정적이었다고 한다. 따라서 이를 보도한 한 언론은 "국민의 70퍼센트가 '더 이상 개천의 용은 없다'는 견해를 가진 것으로 나타나고 있다"고 설명한다.

그리고 어느 분야에서든 선두를 차지하기 위해 거쳐야 할 엄청난 경쟁을 간과할 수는 없다. 말로는 어느 분야든 1등만 하면 된다고 하는데 1등을 한다는 건 그리 쉬운 일이 아니다. 예를 들어보자. 유명한 축구선수가 되기 위해서 전 세계적으로 수십만 명이 노력하고 있다. 그중에서 유럽 명문 프로축구단에서 주전 선수가 되는 것은 너무나 어려운 일이다. 다른 종목들 마찬가지이니 더 많은 예를 들지 않아도 실감할 수 있을 것이다. 예술계 그리고 연예계도 마찬가지다. 현대사회에서는 1등이 거머쥐는 명예나 부가 2등과는 비교가 안 될 정도로 크다. 그러니 2등부터는 모두 배가 고프다. 이러한 사실을 생각하면 1등만 하면 된다는 말은 많은 이들의 공감을 자아내지 못할 수도 있다.

이에 대해 경쟁이 없는 자신만의 새로운 영역을 개척해야 한다고 주장하는 이들도 있다. 그런데 새롭고 독창적인 그 분야가 현실에서 인정을 받아야 한다는 점을 고려하면 이 또한 쉬운 일이 아니다. 내가 가는 길에 설령 나 혼자 서 있더라도, 그 분야에서 내가 일등이라고 해도 결국 세상의 인정을 받지 못하면 현실적인 부와 명예를 얻어낼 수 없다. 그래서 요즘 흔히 말하는 '창조정신' 혹은 '창조경제'도 문제의 소지가 많은 용어이다. 그 창조적인 정신과 경제가 세상의 인정을 받기까지는, 거쳐야할 경쟁이 너무나 치열하기 때문이다.

이러한 상황이다 보니 여기저기서 요행 심리가 작동되기도 한다. 자신의 전문성을 살리려 나름으로 열심히 노력하고는 있지만, 그 결과가 부정적으로 나오게 될 때 인간은 스스로를 위로하기 위해서라도 '혹시' 하는 생각을 하게 된다. "꼭 실력만 있어야 하는가?" 혹은 "재수가 좋으면 될 수도 있지 않을까?" 하는 마음이 들 수도 있다는 것이다.

요행 심리는 넓게 말하면 사행심을 사회적으로 부추기는

요인이 될 수도 있다. 예를 들면 '로또 복권'을 사거나 정선에 가서 카지노를 하는 행위는 이것저것 해보지만 잘 안되니 '혹시나' 하는 마음에서 비롯된 행위이다. 사회가 어렵고 팍팍하니 로또를 사보지 않은 사람은 아마도 많지 않을 것이다. 물론 판매 수익 전액을 필요한 곳에 사용하기 때문에 로또의 존재 자체를 부정하는 것은 아니다. 다만 여기에서 거듭 강조하고 싶은 것은 사회가 어려워질수록 요행 심리가 작동하고, 그로 인해 사행심이 사회적으로 번져 나갈 수도 있다는 점이다.

그럼에도 불구하고 나름의 전문성을 배양하며 자기의 분야에서 선두를 차지하기 위해 노력하는 것은 매우 의미 있는 일이다. 그런 사람들에게 우리는 분명 큰 박수를 보내야 할 것이다. 이러한 행위야말로 인간의 잠재적 창의성을 통해 삶의 긍정성을 발현하는 결과를 낳는 현명한 방법이 될 것이다. 많은 어려움에도 불구하고 이를 극복할 때 우리는 지금의 현실을 벗어나 큰 보람을 느끼게 된다.

탈·불법을 향한 유혹

자신이 원하는 일이 정당한 방법으로 현실화되지 않을 때, 가장 소극적인 대응은 자신의 운명을 하늘의 뜻에 맡기는 것이다. 희망의 씨앗이 아직 남아 있는 한 요행이라도 바라게 되는 것은 인간의 어찌 할 수 없는 연약한 모습이다.

그런데 이러한 태도가 퇴행적으로 발전하면 수단과 방법을 가리지 않고 자신의 목적을 달성하려하는 강력한 오기를 발동시키기도 한다. 이때 발동되는 "무슨 수를 써서라도"라는 심리는 실제 매우 위험한 행동을 유발하기도 한다. 앞서 언급했던 개발시대의 군사문화가 가져온 "안 되면 되게 하라!"라는 슬로건이, 목적이 수단을 정당화하려는 퇴행 심리를 불러오는 것과 같은 이치이다. 법이나 도덕적 테두리를 벗어나더라도 자신의 목적을 달성해야겠다는 욕망은 그 자체가 합리적 행동을 방해할 수 있다.

많은 사람들이 어려움에 처해 있다고 해서 이를 극복하기 위해 수단과 방법을 가리지 않는다면 사회는 질서를 잃고, 결국 부정부패와 부조리로 얼룩지게 될 것이다. 이런 사실을 모르는 사람은 없다. 그럼에도 현재 가난을 탈출하길 희망하는 많은 사람들의 심리에는 "순진하게 이대로 있으면 나만 바보가 되는 것이 아닌가?" 하는 의문이 지워지지 않고 있을 것이다.

이러한 심리가 형성되는 이유는 수많은 탈·불법을 통해 재산을 모은 사람들이 오히려 큰소리를 치며 산다고 믿는 현실인식 때문이다. 요즘도 우리는 부를 이룬 사람들의 탈·불법행위를 자주 목격하곤 한다. 일부 사회 지도층이라고 하는 사람들도 모범을 보이기는커녕 각 분야에서 자기 이익만을 위한 일들을 저지르고 있다. 그러니 착실하게 살아가고 있는 일반 서민들은 마냥 바보가 되는 느낌을 지우지 못하는 것이다.

대기업의 2세와 3세들에 대한 불법 증여, 불법 정치자금, 부자들의 세금 체납과 정치인들의 불법 선거운동, 뇌물 수수, 그리고 사회 지도층의 성폭력 등, 우리 사회에는 돈과 권력을 가진 사람들의 불법 행위가 너무나 많다. 우리는 날마다 보도를 통해 사회 도처의 불법 행위들을 본다. 몇 년 전 사회적으로 큰 물의를 일으켰던 학력위조 사건도 경쟁에서 이기려고 저지른 불법일 것이다. 그리고 청문회 때마다 단골 메뉴로 거론되는 위장 전입, 논문 표절, 다운계약서 등 법을 제대로 지키면서 사는 사람을 눈 씻고도 찾아보기 힘들 정도이다.

이런 상황이기 때문에 돈과 권력을 가지지 못한 사람들은 법을 지키면서 살 이유를 느끼지 못할 지경이다. 그래서 불량식품 제조, 불법 명품 제조, 심지어 마약 밀수에까지 손을 대게 된다. 부정을 저질러서라도 돈을 모아놓으면 감옥을 가더라도 괜찮다는 생각마저 팽배하고 있는 것 같아 안타까울 따름이다.

최근 한 보고서에는 "우리나라 국민 4명 중 1명은 누군가 현금 10억 원을 주면 위법 행위도 할 수 있다고 생각한다"는 내용이 실렸다. 이 보고서는 전국 성인 남녀 802명을 상대로 한 전화 설문 결과인데 "20대의 경우 이런 답변을 한 비율이

29.1퍼센트로 가장 높고 30대는 19.8퍼센트, 40대는 23.7퍼센트, 50대는 21.7퍼센트였다"고 한다.

위의 설문조사는 법을 어기는 데 있어서 어느 정도의 위법성이 있다는 점을 고려하지 않아 그 신빙성이 떨어진다고 볼 수도 있다. 그러나 전반적으로 큰돈을 만져서 가난을 탈출할 수 있다면 도덕은 물론이요 법도 문제가 되지 않는다는 심리가 우리 사회에 만연하고 있음을 보여 주는 결과로는 충분하다. 더 솔직히 말하자면 실제로 가난으로 인해 극심한 고통을 겪고 있는 많은 사람들이 돈을 위해서라면 탈·불법 따위는 문제되지 않는다는 생각을 가지고 있을 수도 있다. 이는 돈 없는 사람들을 싸잡아 잠재적 범죄자로 격하시키려는 의도가 결코 아니다. 현재 우리 사회에서 자주 일어나고 있는 지도층과 부자들의 불법 행위를 보면서 흥분하지 않을 서민은 없을 것이다. 이러한 흥분이 심리적으로는 법을 지키며 착실히 살아가는 가난한 사람들을 힘 빠지게 만들고 있다. 따라서 가난한 사람들에게는 불법을 통해서라도 이익을 취해야겠다는 퇴행적인 생각이 유발될 수도 있다는 점을 강조하고 싶은 것이다.

이렇게 목적에 함몰되어 수단의 정당성을 망각하는 모습은 앞서 언급했듯이 우리가 오랫동안 익숙하게 느껴왔던 목적지향적인 농경문화의 퇴행성에서 그 뿌리를 찾을 수도 있다. 그래서인지 우리에게는 이와 관련한 속담들이 많다. "모로 가도 서울만 가면 된다"라든지 "꿩 잡는 것이 매이다" 등의 표현으로 봤을 때, 우리는 목적을 위해 수단의 중요성을 체감하지 못하는 문화에 길들여져 있는지도 모른다. 긍정적으로 보면 바로 이러한 목적중심주의가 짧은 시간 내에 경제성장을 가능케 한 기본 동력이 되었는지도 모른다. 그런데 수단을 망각하는 일이야말로 민주주의의 가장 큰 적이다. 아직도 우리 사회에서 절차 문제가 거론되는 것은 바로 그 망각 때문이 아닐까.

사회적으로 문제를 일으킨 사람들을 바라보는 눈도 조금씩 왜곡되어가고 있다. 불법적 행위의 경제적 규모가 클수록 그 범죄를 저지른 자들에게 "그 사람 똑똑하네!" "그 사람 대단하네!" 등의 말을 던진다. 비록 조소일지라도 오히려 칭찬에 가까운 말들을 하는 것이다. 감히 그런 일조차 일으키지 못하는 자신의 용기 없음, 열등 콤플렉스를 그들의 행동을 통해 해소하려는 심리가 아닌가 하는 의문이 들 정도이다.

"장님들의 나라에서는 눈뜬 사람들이 비정상이다"라는 말이 있다. 이는 장님을 폄훼하려는 것이 아니라, 아무리 옳은 일도 대다수가 이를 행하지 않으면 옳은 일을 하는 소수가 비정상이 될 수도 있다는 점을 강조하려는 것이다. 어쩌면 모두들 바보가 되지 않기 위해 별 수 없이 탈·불법을 저지르고 있는 게 아닐까.

이렇게 부정과 불법이 많은 사회에서는 "과연 착실히, 가난하게 사는 것만이 정의로운 것인가?" 하는 의문이 생기게 된다. 이런 의문은 심리적으로 자신이 겪는 어려움의 이유를 자신의 능력보다는 사회적 부조리 혹은 모순성에서 찾아내어 자신을 위로하려는 심리적인 '방어기제(Defence Mechanism)'의 작동을 유발한다.

방어기제란 쉽게 말하면 내면적인 요구가 현실에서 이루어지지 않을 때 나타나는 심리적 반응으로 볼 수 있는데, 상기의 경우는 '투사(Projection)'적인 방어의 전형적인 모습이라 할 수 있다. 정신분석학적으로 투사란 자기의 잘못 때문에 스스로 받은 상처 혹은 스트레스에서 벗어나기 위한 핑계를 대는 것을 말한다.

자신이 저지른 잘못 혹은 어려운 처지에 놓인 것에 대한 핑계를 사회적 부조리에서 찾으려 하는 방어기제가 작동하면 비판의식이 싹틀 수 있다. 그러나 대부분의 사람들은 그 부조리에 점차 익숙해지는 심리적 반응을 보이기도 한다.

사실 현실의 가난을 탈출하기 위한 방편으로 택한 비판의식은 자신을 변화시키는 데 아무런 도움이 되지 않는다. 따라서 가난에서 벗어나겠다는 의지가 강하면 강할수록 부조리마저 그 수단으로 이용하려는 퇴행적 심리가 발동하기 쉽다. 이 경우에는 자신이 저지르는 부조리한 행위에 대한 정당성을 사회로부터 찾아내어 죄의식을 떨쳐내려 한다. 따라서 투사적 행위는 법을 어겨서라도 가난을 탈출하고 싶은 욕망을 부추기는 원인이 될 수도 있는 것이다.

변화와 파괴의 심리

정신분석학적으로 보면 인간의 내면에는 두 개의 대칭적인 무의식적 욕구가 있다. 그 하나는 '자아이상(Ego Ideal)'이며 다른 하나는 '초자아(Superego)'이다. 프로이트는 인간의 심리적 구조를 설명하면서 '이드(Id)'와 '자아(Ego)' 그리고 '초자아(Superego)'를 거론했다.

이때 이드는 라틴어로서 영어로 '그것'이라는 의미인 'It'에 해당한다. 따라서 이드는 인간의 내면에 있는, 무엇이라 딱 잘라 말할 수 없는 무의식적 존재를 의미한다. 프로이트에 있어서 자아란, 크게는 이드를 내포하고 있는 자신이다. 그런데 이드는 '사랑(Eros)'과 '죽음(Thanatos or Aggression)'이라는 두 개의 원초적 본능으로 이루어졌기 때문에, 자아는 상황에 따라 이 둘 중 어느 하나의 본능을 선택적으로 표출한다.

여기에 프로이트는 초자아라는 개념을 하나 더 추가해서 자신의 이론을 설명한다. 초자아는 독일어로 'das Under-Ich', 영어로는 자아를 넘어선다는 의미의 'Above I'에 해당한다. 자신의 본능을 넘어선다는 말의 의미가 암시하듯 초자아란 생존을 위해 자아를 넘어서서, 이를 억제하려는 후천적 욕구를 의미한다. 따라서 자아는 크게 보면 우리 자신이기도 하지만 좁은 의미로 해석하면 이드의 반응, 즉 본능대로 움직이려는 욕구를 말하는 것이기도 하다. 초자아란 이러한 자아의 욕구를 현실적 논리에 따라 억제하려는 힘인 것이다.

그런데 프로이트는 『집단 심리와 자아의 분석(*Group Psychology and the Analysis of the Ego*)』이라는 책을 통해서 '자아이상'이라는 또 다른 개념을 거론하고 있다. 여기에서 프로이트는 집단의 소망 그리고 집단의 지도자가 개인의 자아이상과 동일시되는 경향이 있음을 설명하고 있다.

그렇다면 자아이상과 자아는 어떤 관계가 있으며 또 자아이상과 초자아는 어떤 관계가 있는 것일까. 사실 프로이트는 이에 대해 명쾌하게 설명을 해놓지 않았다. 그래서 학자들 사이에서도 의견이 분분했다. 이에 따라 우리에게도 널리 알려진 미국의 프로이트 심리학 해설가인 홀(Calvin Hall: 1909~1985)은 『프로이트 심리학의 핵심(*A Prime of Freudian Psychology*)』이라는 저서에서 자아이상을 초자아의 하위개념으로 설명하고 있다. 그는 초자아를 자아이상과 '양심(Conscience)'으로 분류한 뒤 자아이상은 도덕적으로 옳은 모습을 닮아가려는 욕구이며, 양심은 비도덕적인 모습을 따르지 않으려는 욕구라고 설명한다.

그런데 홀의 설명은 많은 사람들로부터 거부당했다. 독일

의 정신분석학자인 미처리히(Alexander Mitscherlich: 1908~1982)
는 그의 저서 『아버지 없는 사회(*Society without Father*)』에서 자
아이상은 자아의 만족을 향한 무의식적 욕구이며 초자아란
자신의 보호를 위해 사회적인 규범을 따르려는 현실적 욕구
라고 주장한다. 즉 자아이상을 초자아의 하위개념이 아닌 대
칭개념으로 설명하고 있는 것이다. 이러한 주장은 『자아이상
(*The Ego Ideal*)』이라는 저서로 자아이상과 초자아의 관계에 관
한 연구에 중요한 영향을 끼친 프랑스 여류 정신분석학자인
자닌 사스게 스미겔(Janine Chasseguet-Smirgel: 1928~2006)에 의해
보다 명쾌히 정리된다. 즉 자아이상이란 '기쁨의 원리(Pleasure
Principle)'를 따르려는 원초적인 무의식적 욕구이며, 초자아란
현실에서 살아가기 위해 '현실의 원리(Reality Principle)'를 따르
려는 후천적인 욕구라는 것이다.

현대 정신분석학의 주류적 입장에 있는 '대상관계이론
(Object Relation Theory)'에서는 대체로 사스게 스미겔의 이론을
받아들이고 있다. 사실 초기 프로이트의 본능 이론은 '대인정
신분석학(Interpersonal Psychoanalysis)'을 연구하는 학자들로부터
심한 비판을 받는데, 그 이유는 프로이트가 인간 무의식의 형
성에 외부의 영향을 무시한 채 본능만을 강조했다는 것 때문
이었다. 우리는 이러한 대인정신분석학자들을 '신프로이트학
파(New-Freudian School)'라고 부르기도 한다.

그런데 이처럼 외부의 영향만을 강조하는 대인정신분석학은 후일 프로이트의 본능 이론을 지나치게 무시했다는 비판을 다시 받게 된다. 이 과정에서 나타난 대상관계 이론은 외부의 영향만을 강조하는 대인정신분석학을 비판하고 프로이트의 내적 본능인 사랑과 죽음이라는 개념을 대상과의 관계에서의 '사랑(Love)'과 '미움(Hate)'이라는 양대 감성으로 재해석함으로써, 새로운 인간 무의식의 형성을 주장하기에 이른다. 그 핵심은 인간의 무의식이란 자아와 외부의 끊임없는 '내사(Introjection: 외부적 영향)'와 '투사(Projection: 외부의 영향에 대한 내부적 반응)'로 이루어진다는 것이다. 이는 프로이트의 본능 이론과 대인정신분석학을 적절히 조화시킨 것이라고 볼 수 있다.

이 이론에 따르면 인간의 심리구조에서 커다란 이드의 덩어리 그 자체는 바로 자신을 의미하는 자아가 되고, 그 자아는 자아이상과 초자아라는 양대 대칭적 욕구로 구성되어 있다는 것이다. 그렇다면 대상관계 이론에서 자아란 프로이트의 자아를 넓은 의미로 해석한 것이 되고, 자아이상은 프로이트의 자아를 좁은 의미로 해석한 것으로 볼 수 있다. 그리고 초자아는 프로이트의 설명과 같은 의미로 해석하고 있다. 필자는 이러한 대인관계 이론에 동의하면서 자아이상과 초자아를 대칭 개념으로 강조하고 있다.

인간은 누구나 자아이상을 실현하려는 욕망을 가지고 있

다. 그런데 이 욕망을 실현하기 위하여 자아이상은 두 개의 길을 걸을 수 있다. 그 하나는 자아이상이 현실의 원리를 따르려는 초자아적 욕구와 적당히 타협하면서, 그 꿈을 일부 억제하고 먼 미래를 기약하는 길이다. 그리고 다른 하나의 길은 현실의 제약을 무시하고 기어이 자아이상을 실현하려는 길을 택하는 것이다.

사스게 스미겔은 자아이상의 발달 경로를 설명하면서 전자를 '점진적인 길(Evolutionary Route)' 그리고 후자를 '급진적인 길 (Shortest Route)'이라 표현한다. 이 두 개의 길 중 자아이상이 급진적인 길로 나아갈 때는 흔히 퇴행적 모습을 보이기 쉽다. 왜냐하면 현실을 무시하기 때문이다. 그렇다고 이러한 급진적인 길이 꼭 부정적인 것만은 아니다. 때로는 급진적인 방법이 문명이 인정하는 새로운 창조적 업적을 이루기도 한다. 자아이상이 현실의 원리와 조화만 이루려 한다면 변화는 없을 것이다. 모든 변화가 바람직하지는 않다 하더라도, 역사는 변화를 통해 새로운 사회를 계속적으로 갈구해 왔다고 할 수 있는데, 이는 모두 우리의 자아이상이 현실과 타협을 하지 않은 결과이기도 하다.

이러한 논리를 근거로 하면 지금 현실적으로 불만이 적거나 없는 사람들은 자기의 이상을 실현한답시고 급진적인 길을 택하거나 하지는 않는다. 큰 변화에 대해 두려움을 가지는 것이다. 변화 때문에 자신의 현실적 입지가 손상될 수도 있다는 우려 때문이다.

그러나 현실에 불만이 많거나 이 불만을 해소할 특별한 방안을 강구할 수 없는 사람들은 자아이상의 실현을 위해 현실을 부정하고 새로운 변화를 갈망하게 된다. 현실이 변화하면 적어도 지금보다는 자신의 입지가 더 나아질 수 있다는 기대 때문이다.

필자는 이러한 논리에 근거하여 몇 년 전 『보수와 진보의 정신분석』이란 책을 펴내기도 했다. 즉 보수주의자들은 변화를 두려워하기에 그들의 자아이상이 초자아와 타협하는 경향이 많다. 그런데 보수주의자와는 상대적인, 즉 혁명적이거나 급진적인 사고를 가진 사람들은 자아이상이 초자아와 타협을 하지 않음으로써 현실을 부정하고 급진적 변화를 주장하려 한다는 것이다.

가난 탈피의 욕구야말로 우리의 자아이상이다. 그런데 이러한 자신의 욕구가 현실적으로 실현 불가능하다는 것을 느끼게 되면 현실을 원망하게 되고, 그러면 앞서 언급한 것과 같이 현실의 원리를 무시하고 탈법과 불법을 두려워하지 않게 된다. 이 경우 한 가지 걸리는 것이 있다. 그것은 불법적인 행위로 법의 제재를 받는 일이다. 운 좋게 법망을 피할 수 있다면 다행인데 그렇지 않은 경우에는 감옥에 가야 하기 때문이다. 이를 피하려면 이 사회 자체의 변화를 기대할 수밖에 없다. 어떤 경우에는 이 사회 전체를 바꿔보려는 혁명정신이 싹트기도 한다. 사회가 변하면 적어도 지금보다는 자신의 처지가 나아 질 수 있다는 기대 때문이다.

그런데 혁명이란 그렇게 쉬운 일이 아니다. 그리고 우리들은 과거에 평등사회라는 구호를 앞세운 공산혁명에 대한 두려움을 갖고 있다. 평등은 그 자체로 좋은 개념이다. 그러나 평등 논리를 앞세운 공산사회가 모두 실패했다는 역사적 사실 때문에 공산주의를 부르짖는 혁명에 대해서 다수가 거부감을 표시할 수밖에 없는 것이다.

그렇다면 이제 어떻게 할 것인가? 적어도 시장경제 체제의 장점을 살리면서 빈부격차라는 단점, 구체적으로는 신분 상승을 위한 사다리가 있는 복지사회를 건설하려는 계획과 그에 따른 개혁이 절실히 요구된다. 이런 이유로 정치권을 위시한 지식인들은 21세기 시장경제 체제의 모순을 극복하기 위한 많은 정책들을 쏟아내고 있다. 그런데 문제는 아직 우리처럼 평범하고 넉넉하지 못한 사람들에게는 이러한 정책들이 충분한 만족을 주지 못한다는 점이다.

이러한 현실에서 변화는 분명 필요하지만, 현재의 변화가 마음에 만족을 못 주고 있기 때문에 사람들은 제3의 힘에 의한 변화를 상상한다. 그 상상이란 것은 막연하지만 "천재지변이라도 났으면 좋겠다"라든가 "전쟁이라도 났으면 좋겠다" 하는 극단적인 생각에 이르기까지 매우 다양하다. 엄청난 천재지변이나 전쟁이 나면 자신의 신용불량 기록이 다 파괴 될 수도 있기 때문이다. 그리고 지금 부자라고 우쭐대는 사람들의 재산도 없어져버릴 수 있다는 기대도 하게 되는데, 이는 내가 누리지 못한 재산을 가진 부자들에 대한 미움 때문이다.

전쟁이 나면 모든 것이 파괴된다. 전쟁은 개인뿐만 아니라 국가에도 엄청난 상처를 남긴다는 사실을 우리는 직·간접적인 경험을 통해 잘 알고 있다. 그럼에도 불구하고 이러한 급진적인 생각을 하는 이유는 사회의 본질적인 변화가 이루어지면 모두가 새롭게 출발할 수밖에 없기 때문에, 자신에게도 새로운 기회가 올 수 있을 거라는 생각 때문이다. 현재의 기득권층을 이겨낼 방법은 없다. 하지만 지금 가난한 이유가 자신의 무능 탓이든지 사회적 모순 때문이든지 간에, 가난한 사람들은 다시 한 번 새롭게 출발하고 싶은 마음을 가지고 있는 것이다.

어떤 사람은 부모를 잘 만나 호의호식하고 사는데 가난한 사람들은 자식들에게까지 가난을 물려줄 수밖에 없는 현실에서 급진적인 사회 변화를 생각한다는 것은 어쩌면 이상한 일도 아닐 것이다. 특히 소수의 부자들과 대다수의 가난한 사람들로 구성된 21세기 시장경제 체제의 모순을 바라보면서 우리는 변화의 당위성을 찾고 있다. 그리고 대부분의 가난한 사람들은 스스로 변화를 유도할 힘마저 잃은 채 제3의 엉뚱한 힘으로라도 변화를 만들고 싶은 환상 속을 헤매고 있는지도 모른다.

가난에 대한 사랑과 삶의 포기

인간은 심리적으로 어떤 스트레스나 슬픔을 느끼게 될 때 이를 극복하기 위해 크게 보면 세 가지의 길 중 하나를 선택하게 된다. 첫째는 상처나 슬픔을 벗어나기 위해 현실 속에서 또 다른 대안을 찾는 길이며, 둘째로는 차라리 그 슬픔을 받아들이면서 스스로를 위로하는 길이고, 셋째로는 아예 포기하는 길이다. 이 문제는 앞서 논의한 자아이상의 발달 경로로도 설명할 수 있다. 자아이상이란 우리가 바라는 모든 행위의 원초적인 욕구이기 때문이다. 따라서 첫 번째 길은 자아이상이 점진적 길을 택한 경우에 속하며, 두 번째와 세 번째 길은 자아이상이 현실의 논리에 막혀 환상 속을 헤매거나 현실을 무시한 채 급진적인 경로를 택함으로써 퇴행을 유발할 수도 있는 경우에 해당한다.

첫째로 현실에서 무언가 대안을 찾으려는 심리는 다른 말로 해석하면 그 상처나 슬픔에서 벗어나기 위해 다른 곳에서 다른 기쁨을 찾으려 하는 행위라 볼 수 있다. 이 길은 정신분석학적으로는 승화의 개념과 자연스럽게 연결된다. 승화란 현실에서 이루어지지 않거나 이룰 수 없는 일을 문명이 인정하는 다른 가치로 전환하여 이룸으로써 못 이룬 일에 대한 상처를 해소하려는 행위이기 때문이다. 이러한 심리는 다른 곳에서의 성취를 통하여 이미 받은 상처를 위로하고 그 대가를 받으려는 심리이기도 하다. 실연으로 느낀 괴로움을 어떤 분야에서의 성공으로 해소하고 보상 받으려는 경우도 크게는 이러한 범주에 속한다.

그런데 실연당한 아픔 때문에 주정뱅이가 된다거나 다른 사람에게 위해를 가하면서 자기의 화를 푸는 행위는 반사회적 퇴행성 행위이기 때문에 승화라고 할 수 없다. 이는 차라리 자아이상이 현실을 무시한 채 급진적인 길을 선택한 경우라고 볼 수 있다. 앞서 승화를 설명하는 데 '문명이 인정하는'이란 표현을 굳이 넣은 이유는 바로 이 때문이다.

둘째로 차라리 그 고통을 감수하고 그 안에서 위안을 찾으려 하는 심리는 본질적으로는 현실을 무시한 결과이다. 구체적으로는 자아이상이 현실의 두꺼운 벽을 넘지 못하고 자신의 내면에서만 위로를 받으려는 심리라고도 할 수 있다. 프로이트의 항상성원리를 거론하면서 언급했듯이 인간은 육체뿐만 아니라 심리 역시도 항상 안정을 유지하려는 본능을 가지고 있다. 왜냐하면 정신분석학적으로 보면 슬픔을 줄이고 기쁨을 확대하려는 것 자체가 인간 본능의 핵심이기 때문이다. 물론 기쁨이 너무 넘쳐도 자제하려는 심리가 싹트게 되지만, 슬픔이 많아지면 이를 해소하려는 심리가 더욱 강하게 작동한다. 괴로움이야말로 우리의 마음이 가장 싫어하는 요소이기 때문이다.

이런 논리로 보면 인간은 어떤 슬픔을 극복하기 위한 승화의 길을 찾지 못할 때, 반사회적 화풀이조차 할 수 없을 때에는 스스로 그 자체를 받아들이고 자신을 더욱 사랑할 수밖에 없다. 그렇지 않으면 고통이 너무 심해서 몸과 마음이 괴롭기만 하기 때문이다. 이러한 심리는 정신분석학적 개념인 자아도취주의와 연결성을 가지고 있다는 점을 앞서 지적했다.

그러나 다시 한 번 설명하자면 자아도취주의란 대상을 향한 사랑의 욕구가 상대로부터 거절당하면 차라리 거꾸로 자신을 사랑함으로써 그 상처를 벗어나려는 심리적 현상을 말한다. 이때 여기서 '사랑'이라는 단어를 확대 해석하면 바로 '자신이 원하는 바'이며 외부의 '대상'은 '현실'이라고 바꾸어 말할 수 있다. 따라서 '자신이 원하는 바'가 '현실'에서 이루어지지 않을 때 우리는 차라리 원하는 바를 이루지 못한 자신을 사랑함으로써 그 상처를 벗어나려는 자아도취적 심리를 보일 수 있는 것이다.

앞서 지적했듯 가난을 운명으로 받아들이는 경우도 이러한 심리에 속한다. 암에 걸린 사람이 괴로워하기보다는 차라리 "암아, 같이 살자"라고 생각했을 때 마음이 편해지는 것과 같은 이치이다.

셋째로 우리가 승화는커녕 자신의 처지를 사랑하기에도 벅차다는 것을 느낄 때, 최후의 선택 사항인 '포기'라도 해서 마음의 상처를 달래려는 심리를 꼽을 수 있다. 이 포기라는 개념은 서양의 정신분석학에서는 널리 연구되지 않고 있는데 동양 사회, 특히 한국적 문화에서는 다분히 익숙한 개념이다. 우리가 대체로 느끼듯, 사실 마음을 비우고 무엇인가를 포기하면 슬픔이 어느 정도 진정된다. 앞서 언급한 가난을 운명으로 받아들이는 심리는 일면 포기와도 연결성을 지니고 있을 것이다. 그런데 이러한 포기는 자칫 생명의 포기로까지 연결되는 무서운 심리 상태로 발전할 수도 있다. 현실에서 아무것도 할 수 없다고 느낄 때, 모든 걸 포기하고 생명을 스스로 끊으면 이 모든 고통에서 벗어날 거라는 생각이 들 수도 있기 때문이다. 이처럼 목숨을 끊어버리는 경우의 '포기'는 운명으로 가난을 받아들인 경우의 '포기'보다 훨씬 퇴행적이다.

이러한 분류로 보면 가난을 탈출하려는 상당수의 사람들이 적당한 현실적 대안을 찾지 못하고 차라리 그 가난을 사랑해 버리거나, 거기에서 탈출하길 포기하는 경우도 많다고 필자는 지적하고 싶다. 앞서도 논의했지만 무엇이라도 한 가지만 잘하면 자신의 가난을 극복할 수 있다는 생각은 여기에서의 분류에 따르면 크게는 승화의 범주에 들어간다. 그리고 탈·불법을 저질러서라도 가난을 탈출하려는 행위는 현실의 논리를 무시한 퇴행적 심리에 근거하고 있다고 할 수 있다고 말한 바 있다. 세상이 뒤집혀버리길 바라는 심리는, 더 나은 미래를 위한 변화를 이루려하는 능동적인 마음과 만나 창조적 행위로 연결 될 수 있다. 그러나 전쟁이나 기타 재해를 통한 변화를 꿈꾸는 것은 현실의 원리를 무시한 환상 또는 망상으로, 이른바 퇴행적 심리라고 할 수 있다.

그렇다면 가난을 사랑하거나 삶을 포기하려는 심리는 구체적으로 어떤 행위들을 통해 표현되는가? 대표적으로 요즘 TV에서도 종종 방영되는 이른바 '자연인'들의 모습을 예로 들 수 있다. 필자는 「나는 자연인이다」라는 프로그램을 보기 전에는 우리 사회에 자연인들이 그렇게 많은 줄 미처 몰랐다.

대개의 자연인들은 도시 생활의 어려움과 건강 문제 때문에 자연으로 돌아왔고, 살아보니 마음도 편안해지고 건강도 회복되었다고 말한다. 그런데 원인은 차치하고라도, 자연 안에서 자신을 위로하고 또 즐기고 있다면 이는 자아도취적 심리가 발현한 것이라고 분석할 수 있지 않을까. 자연에서의 삶을 그린 프로그램이 늘어나고 있는 것은, 많은 사람들이 현실의 어려움에서 벗어나 자연에서 스스로를 사랑하고 또 위로하고 싶은 심리를 지니고 있음을 반영한다.

이와 관련해 최근 '슬로' 운동에 참여하는, 즉 현대 과학 문명의 인간성 훼손 문제에 관심을 가진 사람들도 일면 자아도취적 심리를 지니고 있다고 볼 수 있다. 현대 시장경제 체제의 모순 그리고 기계 문명에서의 인간성 상실을 체감한 사람들의 경우, 이를 탈출하기 위해 본래 인간이 가진 원초적 모습을 찾으려 한다. 여기엔 인간의 내면에 자기애(자아도취)적인 요소가 분명 존재하기 때문이다.

그리고 '기존 질서에서는 인간의 참모습을 찾기가 어렵다'는 생각에는, 차라리 자기가 원하는 삶을 살면서 위로 받으며 살겠다는 심리가 일부 깔려 있다. 물론 이들은 넓은 의미에서, 새로운 세상으로 변화하기를 바라면서 창조적 행위 또는 창조적 운동을 해나가는 사람들이기도 하다.

시골로 돌아가 귀농 생활을 하는 일부 사람들의 경우, 그 분야에서 나름의 전문성을 살리고 이를 통해 경제적 문제까지 해결할 수 있다고 생각한다면 자기만의 블루오션을 개척하는 것과 다를 바 없다. 그래서 이것은 승화의 심리라고 말할 수 있다. 이런 의미에서 필자는 도시에서 일자리를 찾지 못하고 있는 분들에게 차라리 귀농하여 나름의 새 출발을 해보는 것이 어떠냐는 권면을 자주 한다. 정부에서도 귀농인들을 위한 많은 프로그램을 내놓고 있는데, 이는 21세기 시장경제 체제에서 귀농 사업이 도시에서의 가난을 벗어나기 위한 하나의 대안이 될 수도 있기 때문이다. 그러나 막연히 현실 도피를 위해 귀농을 선택했다면 그것은 한낱 환상을 보고 뛰어든 것이나 다름없을 것이다.

그리고 오늘날 시장경제 체제의 질서에 적응하지 못하고 가난에서 벗어나겠다는 의지마저 상실한 채 삶을 포기하는 사람들이 늘어나고 있는 것 같아 안타깝다. 여러 자료들에 나타나듯 우리나라는 현재 세계 1위의 자살률을 기록하고 있다. 통계청이 2014년 9월에 발표한 자료에 따르면 2013년에 자살로 사망한 사람은 모두 1만 4,427명으로 1년 전보다 267명(1.9퍼센트)이나 늘었다고 한다. 이는 하루 평균 약 40명이 스스로 목숨을 끊는다는 이야기이다. 그리고 인구 비례로 보면 10만 명당 28.5명이 자살한 셈인데, 이는 2012년에 비해 1.5퍼센트나 증가한 것이라고 한다.

2014년 9월 통계청의 발표를 보면 2013년 우리나라 50대 남녀의 자살률은 인구 10만 명당 38.1명으로 2012년과 비교해 2.8명이 늘었는데, 특히 50대 남성의 자살률은 2012년에 비해 10만 명당 4.8명이나 늘어 58명에 이른다고 한다. 이를 보도한 한 언론은 "최근 경기 침체와 자영업의 몰락 등과 맞물려 극단적인 선택을 하는 50대가 더 늘어날 것"이라고 지적한다.

　젊은 층의 자살률이 높은 것도 안타까운 일이다. 최근 서울시가 발간한 '서울시민의 건강과 주요 사망 원인'을 보면 미래가 창창하고 한창 일해야 할 10~30대의 사망 원인 중에서 자살의 비중이 가장 큰 것으로 나타난다. 구체적으로 2013년에는 "10대 사망자 151명 중 35.1퍼센트, 20대 사망자 861명 중 51.6퍼센트, 30대 사망자 1,092명 중 39.7퍼센트가 자살했다"고 한다.

　이와 관련하여 우리나라 성인 8명 중 1명은 생활하기 힘들 정도로 극심한 우울증을 앓고 있다는 사실도 기억해야한다. 우울증은 그 정도에 따라 자살과도 직·간접적으로 연결되기 때문이다.

　물론 자살의 이유가 꼭 가난 때문만은 아닐 것이다. 여러 가지 이유가 있겠지만 시장경제 체제에서는 경제 문제가 모든 문제의 시작이 된다는 점을 미뤄봤을 때, 가난이 자살의 직·간접적인 이유가 될 것이라고 충분히 추측해볼 수 있다.

　자살이라는 극단적인 선택을 하는 사람들이 늘어나고 있다는 것은 그만큼 사회에 희망이 없어지고 있다는 것을 단적으로 나타낸다. 이것은 스스로의 목숨을 버리는 일은 잘못된 것이라는 도덕적 교화만으로 해결될 문제가 아니다. 누구나 성공할 수 있을 거라는 희망이 널리 퍼지면 스스로 목숨을 끊는 일은 자연히 줄어들 것이다. 개똥밭에 굴러도 이승이 저승보다는 낫다는 속담도 있듯, 살기 좋은 세상이라면 도대체 누가 세상을 떠나려고 하겠는가?

그런데 현실적인 희망의 끈이 없기 때문에 많은 이들이 죽음을 선택한다. 따라서 지금 우리의 자아이상은 타협의 가능성이 조금이라도 열려 있는 현실을 갈망하는지도 모른다. 그런데 현실의 벽이 두꺼우면 두꺼울수록 우리의 자아이상은 현실을 무시한 급진적 길을 택함으로써 그 퇴행성에서 벗어나기 어렵게 될 것이다.

우리는 이제 어느 방향으로 가야 하는가

　지금까지 우리는 빈부격차가 극심해짐에 따라 대다수 가난한 사람들의 불만이 점차 커지고 있음을 알았다. 그렇다면 이런 문제를 우리는 어떻게 해결해 나가야 할 것인가? 이를 위해서는 우선 기존 정치·경제 이론들의 장단점을 살펴볼 필요가 있다. 이는 기존 이론의 틀을 넘어 우리 사회에 합당한 새로운 대안을 찾는 데 유용한 지혜를 제공할 수 있기 때문이다. 따라서 이번에는 기존의 정치·경제 이론의 틀을 간단히 살피고 우리 사회가 나아가야 할 방향에 대해 필자 나름의 생각을 원론적이나마 제안해보려 한다.

기존 정치 · 경제 이론의 틀을 넘어서

유사 이래 인류는 자유와 평등 혹은 개인과 사회라는 두 개의 명제를 두고 수많은 정치철학적 주장들을 펼쳐왔다. 이는 인간이 갈구하고 있는 두 개념(자유와 평등, 개인과 사회)들의 적절한 조화를 찾기가 매우 어렵다는 데 기인하고 있다. 자유를 강조하면 평등이 훼손되고 평등을 강조하면 자유가 훼손되기 때문이다.

개인과 사회의 문제도 마찬가지이다. 항상 개인의 생각과 공동체의 목적이 일치하지는 않는다. 그건 매우 어려운 일이다. 이때, 자유는 개인의 문제와 연결되고 평등은 사회 혹은 공동체와 연결된다. 현대의 민주주의는 바로 이러한 자유와 평등 그리고 개인과 공동체라는 양립하기 어려운 두 명제를 함께 풀어나가려 하기 때문에, 수없이 많은 주장들을 여전히 만들어가고 있는지도 모른다.

인류는 그간 많은 투쟁을 통해 군주제를 폐하고 국민이 주인이 되는 입헌민주주의의 길을 택할 수 있었다. 개인의 자유가 강조되는 사회를 건설한 것이다. 그러나 자유를 강조하다 보니 특히 경제적인 문제에 있어서의 평등의 의미를 많이 훼손하고 말았다.

이러한 현실에서 마르크스의 공산혁명 이론은 자유주의에

커다란 도전으로 다가왔다. 그러나 결국 마르크스의 이론도 공산독재 체제를 성립시키고 말았고, 국민들을 굶주림에서 구해내지도 못했다. 따라서 공산혁명 이론은 그 빛을 발하지 못한 채 역사의 뒤안길로 사라졌고 세계에는 자유민주주의가 물결치기 시작했다.

그러나 현대 자유민주주의 체제에서도 개인의 자유와 평등, 개인과 공동체의 문제는 새로운 모습으로 등장해 여전히 갈등을 빚고 있다. 결국 이것은 철학적으로는 칸트(Immanuel Kant: 1724~1804)와 헤겔(Georg Wilhelm Friedrich Hegel: 1770~1831)의 주장이 서로 갈등하고 있는 것과 유사하다고 말할 수 있다. 『정의란 무엇인가』를 쓴 샌델 교수는 그가 편집한 『자유주의와 그 비평(*Liberalism and Its Critics*)』이라는 책을 통해 현대 자유민주주의 체제에서의 개인의 자유와 공익 문제에 대한 다양한 학자들의 주장을 잘 소개하고 있다.

개인의 자유를 강조하는 사람들은 개인의 차별성을 고려하지 않는다는 이유로 '공리주의(Utilitarianism)'를 비판하면서, 개인의 '천부인권'을 강조하는 칸트의 주장을 받아들인다. 그래서 그들의 주장을 우리는 '개인의 권리에 기초한 자유주의(Right-Based Liberalism)'라고 부른다. 이러한 주장은 개인의 권리란 어떤 경우에도 정치적 타협의 대상이 될 수 없음을 강조하고 있다.

즉 고대 그리스의 플라톤(Platon: BC 427~347)이나 아리스토텔레스(Aristoteles: BC 384~322) 철학에서 궁극적 목표로 인식되었던 '선(Good)'도 다양한 가치 중 하나로 인식하면서, '선' 못지않게 개인의 권리 또한 중요한 가치로 다루려 한다. 우리는 이러한 주장을 하는 사람들을 자유 그 자체의 의미를 강조하는 사람이란 뜻으로 속칭 '리버테리언(Libertarian: 자유방임주의자)'이라 부른다.

이에 반해 공동체를 강조하는 헤겔의 주장을 받아들이는 사람들은 '선'보다 개인의 권리를 우선시하는 생각을 비판하면서 공익의 중요성을 강조한다. 20세기 최고의 지식인 중 한 명인 한나 아렌트(Hannah Arendt : 1906~1975)는 『인간의 조건(The Human Condition)』이라는 저서에서 사회적 동물로서의 인간이 공적인 의미를 상실했을 때, 큰 위험에 빠질 수 있다고 경고한다. 따라서 공익이 개인의 자유나 권리보다 더 앞선다고 강조하는 사람들은 정책면에서도 사회적 복지를 우선적으로 내세운다. 즉 평등의 요소를 강조한다는 것이다.

우리는 자유민주주의 체제하에서 공익을 강조하는 주장을 '평등적 자유주의(Egalitarian Liberalism or Egalitarianism)' 또는 '공동체주의(Communitarianism)'라고 부른다. 주로 미국에서는 이러한 주장을 하는 사람들을 리버테리언의 상대적 의미인 '리버럴(Liberal)'이라고 부르기도 한다. 리버테리언이나 리버럴은 모두 자유주의자를 의미하지만 리버럴은 공익을 좀 더 강조하는 사람들이라고 보면 된다. 예를 들면 미국에서는 일반적으로 공화당원을 리버테리언, 그리고 민주당원을 리버럴이라고 부르고 있다.

이와 같은 자유민주주의 체제에서의 철학적 이념 논쟁은 경제 이론과도 밀접한 관련을 가지고 있다. 칸트의 자유주의는 영국의 애덤 스미스(Adam Smith: 1723~1790)의 자유방임주의에 근거를 두면서 개인의 경제활동을 강조하는 자유시장경제 이론과 관계가 있다. 그리고 헤겔의 공동체 강조 사상은 마르크스의 국가주도경제 이론과 연결되는 계획경제 이론과 밀접한 관련을 가지고 있다. 20세기에 들어와서 이러한 경제 이론의 논쟁은 자유시장경제를 강조하는 오스트리아 출신 하이에크(Friedrich Hayek: 1899~1992)의 경제 이론과, 영국의 케인스(John Maynard Keynes: 1883-1946)의 경제학에 근거한 계획경제 이론으로 크게 양분되고 있다.

마르크스가 세상을 떠난 뒤 바로 태어난 케인스는, 불황이 왔을 때 정부의 강력한 재정·금융정책이 필요하다고 역설함으로써, 경제 분야에 대한 정부의 개입을 근거로 하는 이른바 계획경제를 주장했다. 반면 하이에크는 국가의 개입에 의한 계획경제에 반대하며 자유시장경제 원리를 강조했기 때문에 우리는 그에게 신자유주의의 아버지라는 호칭까지 붙여주었다.

아는 바와 같이 신자유주의는 1929년 미국의 경제공황 당시 케인스 경제학에서 강조하는 정부 개입이 오히려 효력을 보지 못했다고 주장한 하이에크의 이론에 근거를 둔 것이다. 그의 이론을 신고전주의라 부르기도 한다. 애덤 스미스가 강조한 '자율성'의 덕목이 돋보이기 때문에 붙은 이름이다.

이러한 두 가지 이론들의 현실적 적용 사례를 역사적으로 살펴보면 매우 흥미롭다. 제2차 세계대전 발발 후 1960년대까지는, 전후 경제 발전을 위해 서구 대부분의 나라에서도 국가의 개입에 찬성하는 케인스 이론을 채택했다.

그러나 1970년대 석유파동으로 인해 세계 경기가 침체되자 그에 대한 해결책으로 서구 국가들은 케인스 이론과 반대되는 하이에크의 이론에 주목했다. 특히 프리드먼(Milton Friedman: 1912~2006) 등 하이에크 이론에 뿌리를 둔 신자유주의 경제학자들의 이론을 적용하기 시작했다. 이러한 정책이 실제로 현실적인 효과를 냄으로써 케인스 학파의 이론에 대한 의문도 제기됐다.

그런데 2007년 이후 몇 년간 지속된 금융위기 때문에 자유시장경제 이론이 비판을 받으면서 다시 케인스 경제학이 여기저기서 거론되기 시작했다. 이러한 역사적 사실을 통해 우리는 두 개의 이론들이 상황에 따라 선택되어 왔다는 것을 알 수 있다.

시장경제와 계획경제 이론은 한편으로, 성장을 우선하느냐 분배를 강조하느냐의 문제와 직결된다. 하이에크에서 프리드먼으로 이어지는 신자유주의자들은 정부의 간섭 없는 기업의 경제활동을 통해 전체적인 경제성장을 이뤄내면, 그만큼 일자리도 늘어나 분배 또한 확장될 수 있다고 주장한다.

반면 분배를 강조하는 사람들은 정부의 간섭 없는 기업의 자유로운 경제활동은 기업의 부를 늘릴 수는 있어도 분배와는 직결되지 않으므로, 복지의 문제를 정부의 개입을 통해 중요하게 다루어야 한다고 주장한다. 앞서 언급했듯 이렇게 돈이 돈을 버는 세상에서 노동의 가치가 축소되고 있다는 피케티의 주장은 따지고 보면 계획경제를 주장한 케인스의 경제학과 일맥상통한다고 볼 수 있다.

시장경제와 계획경제의 갈등을 극복한다는 취지로 또 하나의 주장이 나타나게 되는데 바로 '혼합경제(Mixed Economy)' 이론이다. 이는 한마디로 효율성을 강조하는 시장경제는 형평의 원리를 손상시키기 쉬우며, 형평성을 강조하는 계획경제는 효율성을 훼손시킬 우려가 있으므로 이 둘을 잘 조화시키자는 취지의 이론이다. 말하자면 경제를 시장의 논리에 맡기되 때로는 정부가 적절히 개입함으로써 효율성과 형평성의 조화를 찾아보겠다는 것으로, 성장과 분배를 동시에 고려하는 주장인 것이다.

이것은 좌파의 분배 이론에 신자유주의 특유의 개인적 자발성과 독자성을 적절히 섞은 중도적 입장으로, 영국의 정치경제학자인 기든스(Anthony Giddens: 1938~)가 그의 저서인 『제3의 길(The Third Way)』에서 주장한 이론이 그 대표적인 예이다. 그는 시장경제를 유지하되 정부 개혁과 공공 부분의 쇄신, 긴축재정, 안정적 경제성장, 고용창출을 위한 노동시장의 활성화 등을 강조하고 있다. 말 그대로 '제3의 길'을 주장한 것이다.

지금까지 살펴본 주장들은 나름대로 장점과 단점을 가지고 있다. 특히 경제 문제로 국한해 볼 때 효율성을 강조하면 형평성이 훼손되고, 또 형평성을 강조하면 효율성이 떨어진다는 이야기는 마치 자유를 강조하면 평등이 침해를 당하고 평등을 강조하면 자유가 훼손된다는 논리와 같다. 이런 점에서 기든스의 제3의 길은 설득력을 지닌다. 그러나 균형과 조화라는 명분으로, 화해할 수 없는 요소들을 단순히 조합한다는 것이 현실성이 있는가 하는 질문도 가능하다. 자유와 평등, 효율과 형평, 혹은 성장과 분배라는 대칭적 요소들의 현실적 조합에는 한계가 있기 때문이다.

자유와 평등 혹은 개인의 이익과 공익 그리고 효율과 형평 혹은 성장과 분배라는 명제들은 진정 현실적으로 양립할 수 없는가? 아직까지 우린 명쾌한 대안을 찾지 못했다. 따지고 보면 기존의 모든 이론들은 하나의 측면만을 강조하는 편협

한 방법으로 전개되어왔다고 해도 과언은 아니다. 게다가 두 명제의 적절한 타협은 이론의 논리성을 훼손하는 일로 비판받기도 했다. 그렇다면 우리는 기존의 이론들을 어떻게 생각해야 할 것인가?

필자는 이 질문의 답을 구하기 위해 두 철학자의 이론을 살펴보려 한다. 그 하나는 우리에게도 널리 소개된 쿤(Thomas Samuel Kuhn: 1922~1996)의 이론이며, 다른 하나는 현대 방법론 철학에서 중요한 위치를 차지하는 파이어아벤트(Paul Feyerabend: 1924~1994)의 이론이다.

쿤은 『과학혁명의 구조(The Structure of Scientific Revolutions)』라는 그의 저서에서 '패러다임(Paradigm)' 이론을 설명하며, 오늘의 과학(진리)이 내일의 미신(신화)이 될 수 있고, 오늘의 미신(신화)이 내일의 과학(진리)이 될 수 있다고 말한다. 이는 지금 지지를 받고 있는 이론도 언젠가는 부정될 수 있으며, 지금은 부정되고 있는 이론일지라도 언젠가는 그 유용성을 발휘할 수도 있다고 해석된다. 즉 진리와 비(非)진리, 혹은 옳고 그름을 떠나 대다수 사람들의 지지를 받는 이론이 그 시대의 독점 이론이 된다는 것이다.

그리고 파이어아벤트는 그의 유명한 『방법론에 대항하여(Against Method)』라는 저서에서 '이론의 무정부주의적 이해(Anarchistic Understanding of Theory)'를 주장하고 있다. 그는 이 세상의 어떠한 이론도 우리의 문제를 일시에 풀어 줄 수는 없다고 말한다. 이는 인식의 차이에 따라 모든 상황이 다르게 설명될 수 있기 때문에 모두를 만족시키는 설명은 불가능하다는 걸 의미한다. 이러한 주장의 철학적 배경에는 절대진리를 부정하는 상대주의적 요소가 깔려있다.

이 점은 쿤의 이론도 마찬가지이다. 그런데 굳이 따지자면 파이어아벤트의 주장에 상대주의적인 면이 더 많다고 볼 수 있다. 왜냐하면 파이어아벤트의 주장에 따르면 패러다임이란 이름의 독점 이론도 모든 문제를 한꺼번에 풀어낼 수는 없기 때문이다.

필자가 이 두 학자의 주장을 소개하는 이유는 우리의 현실적 문제를 해결하기 위해 채택해야 할 여러 이론들을 대할 때, 어느 한 이론에 집착하여 다른 면들을 보지 못하는 실수를 피하자는 메시지를 전달하고 싶어서이다. 파이어아벤트의 말대로 문제없는 이론은 없기 때문이다.

그리고 더욱 중요한 것은 지금 다수의 사람들이 당면한 문제를 풀 수 있는 이론부터 먼저 살펴봐야 한다는 것이다. 사실 쿤의 독점 이론이란 그 시대 다수의 사람들이 지지하는 이론이라고 할 수 있다. 이때 지지를 받았다 함은, 정신분석학적으로는 다수가 원하는 바를 단 일부라도 충족시켰다고 해석할 수 있다. 그 이론은 그제야 비로소 현실적 유효성을 인정받은 것이다.

앞서 지적했듯 개인의 권리를 강조하는 자유주의와, 공익을 강조하는 공동체주의, 이와 연결된 시장경제 이론과 계획경제 이론, 나아가 혼합경제 이론은 현실적 요구에 따라 선택적으로 사용돼 왔다. 그렇다면 현재 다수의 사람들은 무엇을 원하고 있는가? 그것을 먼저 알아야 오늘의 현실적인 문제들을 해결할 실마리를 찾을 수 있을 것이다.

시장경제 체제에서의 새로운 복지사회를 위하여

지금까지의 논의로 미루어보아, 오늘날 우리 사회는 빈부격차의 몸살을 극심하게 앓고 있는 것으로 파악된다. 계층구조는 어느덧 필자가 지적한대로 밑이 넓은 에펠탑 모양이 되어, 중산층은 사라지고 소수의 부자와 다수의 가난한 자들만 남은 구조로 재편되고 말았다. 이러한 현실에서 다수를 점하고 있는 가난한 자들의 불만은 날로 높아가고 있는 것이다. 어느 사회건 모두가 평등한 부를 누린다는 것은 거의 불가능하다. 그러나 오늘날처럼 과반수의 사람들이 심정적으로 스스로를 빈곤층이라 생각하는 사회를 바람직하다고 볼 수는 없다. 1인당 국민소득이 높아지거나 국가 전체의 경제가 성장한다고 해도 우리에게는 별다른 의미가 되지 못한다. 더불어 가난을 탈출하기 위한 방편이나 다름없는 다양한 퇴행적 심리들은 우리 사회를 더욱 불안하게 만들고 있다.

때문에 많은 사람들은 몇 년 전부터 '복지'라는 커다란 화두를 이야기하고 있다. 복지는 어느덧 국가 정책의 우선순위가 되었다. 정치권과 정부에서도 이 문제를 다양한 각도에서 해결하려는 노력을 보여주고 있는 것 역시 사실이다. 그러나 우리는 아직까지 정부의 정책이 어떤 효과를 만들어냈는지를 체감하지 못 하고 있다. 정부가 말로는 복지를 외치지만 실제로는 아직도 시장경제 이론의 틀을 벗어나지 못하고, 분배 정책에 대해 소극적 태도를 보이기 때문은 아닌가?

그간 우리 사회에서는 분배를 강조한다는 것이 좌파적 색채를 띤다는 이유로 이에 대해 소극적 자세를 보여 왔다. 어느 정권이든 마찬가지였다. 그것을 부인할 수는 없다. 통념상 좌파 정권이라고 분류될 수 있는 국민의 정부나 참여정부조차 우파적인 시장경제 이론을 더욱 적극적으로 받아들였다. 그러나 앞서 지적한 대로 우리는 지금 기존 이론들의 논리에서 벗어나 큰 안목으로 정치·경제 이론을 살펴봐야 할 때가 되었다. 이제 낡은 이념의 고정관념에서 벗어나 진정으로 국민 다수가 만족할 수 있는 정책을 실행해야 하는 것이다.

대다수의 국민들은 역사를 통해 공산주의의 계획경제가 국민의 생활을 윤택하게 하는 데 실패했다는 사실을 잘 알고 있다. 그래서 시장경제 체제에 대해 근본적인 문제를 굳이 제기하지는 않는 것 같다. 다만 시장경제 체제를 취하되 지금과 같은 소수의 부자와 다수의 빈곤자로 구성된 계층구조를 타파할 수 있는 방안에는 큰 관심을 가지고 있다.

2015년 광복 70년을 맞아 「한겨레」가 한국인이 바라는 사회상에 대해 한겨레사회정책연구소에 의뢰해 조사한 결과, 국민 10명 중 8명이 사회적 복지와 평등이 이루어지는 나라를 원하는 것으로 나타났다. 그렇다면 정부는 이러한 국민의 요구를 받아들여 이를 해결할 대책을 적극적으로 강구해야 할 것이다. 과거의 서구 사회에서도 정책의 우선순위는 시대에 따라 바뀌어 왔다. 따라서 지금은 분배 혹은 사회 복지에 관심을 가지고 시장경제 체제의 대표적 모순인 빈부격차의 위화감을 누그러뜨릴 대책을 적극적으로 찾아야 할 때임이 분명하다.

당연히 현 정부도 이러한 문제를 의식하여 여러 각도에서 경제를 회생시킬 방안을 찾고 있다 한다. 경제가 살아나면 일자리가 늘어나니 자연히 그 이익은 서민들에게 돌아갈 수 있다. 하지만 고도의 과학기술에 근거한 지식정보화 사회에서는 국가 전체의 부가 국민 전체에 골고루 돌아가는 데에 한계가 있음을 알아야 한다. 사실 기업의 활동이 활발해져서 경기가 회복되는 현상 역시 과거의 산업구조에서나 가능했다. 그러나 지금처럼 고도의 기술집약적 산업이 주를 이루는 구조에서는 경기 회복 효과가 서민들에게까지 제대로 전달되지 못할 가능성이 크다.

예를 들면 현 정부는 창조경제를 강조하고 있는데 그 자체는 이해할 만하다. 우리 스스로 블루오션을 만들어 세계 시장에서 경쟁력을 가진다는 것은 개인이나 기업에 있어서 중요한 일이기 때문이다. 그러나 현 상황에서의 창조경제는 우리 서민들의 생활이 윤택해지는 것과 직결되지 못할 수도 있다는 점을 고려해야 한다. 특히 창조적 블루오션의 초점이 고도의 기술 개발에 맞춰져 있는 한, 그 기술에 관련된 일자리는 특수한 전문성을 가지지 않은 사람에게는 아무 영향력도 발휘하지 못하는 것이다.

우리 사회는 압축성장으로 인해 대다수 국민이 고도의 과학기술을 습득하거나 관련직에 종사할 만큼의 여력도 지니지 못한 채 지식정보화 시대를 맞이했다. 게다가 과학기술 산업은 고용창출에도 뚜렷한 한계를 보인다. 기술 경쟁력을 확보하고 있는 한국의 상위 55개 대기업 집단(상호 출자 제한 기업 집단)은 우리 기업 전체 매출의 평균 30퍼센트를 차지하고 있지만, 종사자 수의 비중은 제조업에서 18.7퍼센트, 서비스업은 5.5퍼센트로 전체 산업의 일자리 중 8.0퍼센트에 불과하다. 그렇다면 창조경제의 범위를 보다 확대하여 다양한 방향에서 일자리를 늘릴 수 있는 방안을 검토해야만 할 것이다.

이제는 경기회복을 위한 정책 못지않게 분배나 복지를 진지하게 고려해야 할 때가 되었다. 분배와 복지의 문제는 적어도 빈부격차에 따른 위화감 그리고 부에 대한 퇴행적인 미움의 감정을 완화하는 데 중요한 역할을 할 수 있다.

이런 이야기를 꺼내면 혹자는, 예산이 있어야 복지가 가능한데 예산을 마련하려면 기업이 돈을 잘 벌어야 한다, 그래야 세수가 확장될 거다, 라고 말할지도 모른다. 이 말이 틀린 것은 아니다. 실제로 정부는 예산 때문에 복지를 확대하고 싶어도 확대하지 못하고 있다. 그래서 고육지책으로 일자리를 늘리겠다며 정부 차원에서 다양한 프로그램을 제시하고는 있다. 그런데 따지고 보면 시장경제 체제에서의 정부는 근본적으로 일자리 자체를 늘릴 수가 없다. 정부는 기업이 아니기 때문이다. 기껏해야 공공 분야에서 일자리를 어느 정도 늘릴 수 있을 뿐이다. 정부는 세금으로 운영되는데, 만약 세금이 늘어나지 않으면 이런 일자리 확장 사업조차 한계가 있을 수밖에 없다.

그렇다면 어떻게 할 것인가? 이 문제의 답을 위해 필자는 다소 이상적으로 들릴 수도 있는 제안을 하고 싶다. 그것은 바로 대기업이 정부의 복지 정책에 적극 참여하는 일이다. 사실 그간 수없이 강조해온 기업의 사회적 책무는 그다지 실천되지 못했다. 정신분석적으로 보면 인간은 기본적으로 이기적인 존재이기에 '노블레스 오블리주(Noblesse Oblige)' 같은 도덕적 요구를 기꺼운 마음으로 실천할 수는 없을 것이다. 그렇다면 결국 대기업의 사회적 참여는 또 다른 공염불이 되고 마는 것인가?

대기업은 자신들만이 축적하고 있는 재력이 오히려 장기적으로는 여러 가지 문제를 야기할 수도 있음을 알아야 한다. 지금처럼 상위 계층에 대한 분노의 감정이 더 강해지면 기업의 설 자리도 점점 좁아지기 때문이다. 이 점을 고려하면 대기업이 사회복지 정책에 뛰어들어야 한다는 게 그렇게 허무맹랑한 이상적 주장만은 아닐 것이다.

국내에서 대기업의 제품을 구매하는 사람들은 대개가 서민들이다. 그렇다면 그들은 소비자인 서민들을 위해 뭔가를 보여주어야만 할 것이다. 실제로 대기업들은 회사의 이미지를 제고하기 위한 광고 제작에 엄청난 비용을 쏟아붓는다. 따라서 이러한 광고비의 일부라도 우선 서민의 복지를 위해 사용한다면 서민들은 그 기업에 대해 좋은 이미지를 가지게 될 것이며, 이는 곧 그 제품의 구매로 직결될 수 있다.

최근 한 연구소가 전국 130여 개 대학의 재학생 2,300명을 대상으로 한 조사에서 72.9퍼센트(1,721명)가 "사회적 책임을 다하는 기업의 제품이라면 비싸도 물건을 사겠다"라는 대답을 했다고 한다. 이는 소비자가 갖고 있는 기업의 이미지 자체가 제품 구매와 직결됨을 증명하는 것이라 할 수 있다. 그렇다면 이미지 제고를 위한 광고비 일부를 서민들을 향한 사회복지를 위해 사용하자는 제안이 그리 허황된 말만은 아닐 것이다.

대기업 특유의 독점성 때문에 이미지에 관계없이 제품은 팔릴 수밖에 없다고 생각한다면 할 말은 없다. 그러나 다수의 소비자인 서민들의 불평과 불만으로 인해 시장경제 체제 자체가 위협을 받는다면 기업도 설 자리가 없어진다는 점을 심각하게 고려해야 할 것이다. 따라서 기업이 사회적 복지를 위해 일부의 경제적 부담을 지는 일은 장기적으로 봤을 때 결코 손해를 보는 일이 아니다. 기업이 사회복지 정책에 기여한다면 정부의 부담도 훨씬 줄어들 것이며 기업에 대한 서민들의 반감도 많이 완화될 것이다.

추가하자면 현재 논의되고 있는 노동시장의 개선 여부도 매우 중요한 문제라고 할 수 있다. 정부에서도 이 문제를 중요하게 생각하고 있는 것 같아 우선 다행이다. 그간 우리 사회에는 정규직과 비정규직이라는 괴상한 근로 조건이 생성되어 많은 문제를 야기해 왔다. 같은 일을 하면서도 비정규직이라는 이유로 정규직 임금의 절반도 받지 못한다는 것은 현대 민주주의가 추구하는 형평성을 크게 훼손하는 일이다. 시장 논리에 함몰되어 세계시장의 경쟁력에만 초점을 맞추다 보니 이러한 현상이 나타났는데, 이제는 기업뿐만 아니라 노동계에서도 이 문제를 심각하게 고려해야 한다. 그런데 노동운동을 전문적으로 하는 양대 노총에서조차 말로만 비정규직 처우 개선을 외칠 뿐, 실제로는 정규직 보호에만 급급한 실정이다.

아예 노조조차 없는 일용근로자들의 문제는 더 심각하다. 새벽에 길거리에서 일자리를 찾는 그들의 모습을 보면 안타까운 마음부터 든다. 필자는 오래전부터 이 문제의 해결을 위해 이들이 구직 활동을 할 수 있는 실내 공간의 필요성을 역설해 왔다. 일용근로자들의 일자리 소개는 민간 소개소에 맡기는 것이 보다 효율적이다. 그러나 정부가 최소한 이들에게, 구직 활동을 편하게 할 수 있는 공간 정도는 마련해 주어야 한다고 본다. 현재 지역마다 있는 고용노동부 산하 고용지원센터에서도 일용근로자들의 일자리까지 소개해주고 있지는 않다. 그렇기 때문에 최소한 일용근로자들이 구직 활동을 할 수 있고 또 다양한 전문교육도 받을 수 있는 공간의 필요성이 절실히 요청되고 있다.

이와 같은 현안을 해결하기 위해서는 무엇보다도 정부의 역할이 중요하다. 어려운 근로자들의 문제를 해결하고 진정한 사회복지 정책을 실천하려면 노·사·정의 대타협도 필요하겠지만 사실 정부가 직접 나서서 해결해야 할 일이 훨씬 더 많기 때문이다. 그런데 따지고 보면 정부의 역할은 전적으로 그 국가의 정치적인 질(Quality)에 달려있다고 볼 수 있다. 정치가 제대로 작동하지 못하면 정부의 정책도 그 실효를 거두지 못하기 때문이다.

예를 들면 현재 근로기준법에 명시돼있는 최저임금제도도 현실에서는 잘 지켜지지 않는다. 앞서 지적한 바대로 2014년에 최저임금도 못 받는 근로자가 전체 근로자 수의 12.1퍼센트에 달하기 때문이다. 또 한 조사에 따르면 2014년 8월 기준 전체 근로자의 46.4퍼센트만 법으로 정해져 있는 연차휴가를 다녀왔다고 한다.

이렇게 버젓이 존재하는 법도 제대로 지켜지지 않고 있는데, 정부는 제대로 감독조차 못하고 있다. 그리고 이 사안들의 해결을 위한 다양한 근로관련법 개정안은 국회에서 그냥 낮잠만 자고 있다. 한 언론 보도를 보면 2014년 12월 중순까지 근로조건 개선 관련 개정안만 약 200여 개가 국회에 계류 중이라고 한다. 본 보도는 "사안별 이견을 좁히지 못하거나 각종 정쟁에 밀려 어느 것 하나 국회 합의는커녕 제대로 논의도 못한 채 표류하고 있다"고 지적한다. 이러한 현상은 정치가 제대로 작동하지 못하면 우리가 사는 현실의 수없이 많은 문제들이 그대로 방치될 수 있음을 보여주는 좋은 예이다.

정치의 질은 1960~1970년대에 큰 관심을 불러일으켰던 이스턴(David Easton: 1917~)의 '체계이론(System Theory)'에서도 강조되고 있다. 그는 정치란 사회적인 가치들을 권위적으로 배분하는 작업이며, 그 핵심은 국민의 요구인 '투입(Input)'과 이에 대한 대답인 정책의 '산출(Output)' 과정이 '피드백(Feed Back)'으로 작용하는 과정이다. 따라서 국민의 요구를 정책으로 만들어내는 과정을 담당하는 정치의 수준이 양질이어야 훌륭한 체계를 이룰 수 있다는 것이다.

우리나라 정치는 형식적으로는 민주주의 체제를 취하고 있지만 체제의 실질적이고 종합적인 수준에 대해서는 매우 회의적인 평가를 내릴 수밖에 없다. 그중에서도 특히 정당 활동이 많은 문제를 야기하고 있다. 지금 한국의 정당들은 국민보다는 정권 쟁취에만 목을 매고 있다. 필자의 눈에는 모든 정치적 집단들이 대통령 만들기에만 혈안이 되어 정치공학적 수단만 연구하고 있을 뿐, 국가의 진정한 발전에는 별로 관심이 없어 보인다. 그들은 정당의 기본 목표가 정권창출이기 때문에 그들의 정치행위가 민주주의의 틀을 벗어나지 않고 있다고 주장하고 있다. 그런데 정권창출은 보다 나은 세상을 만들기 위한 방안일 때만 의미가 있을 뿐이다. 그렇지 않은 경우라면 아무 의미가 없다. 말로는 국민을 위한다면서 국민들을 선도하기는커녕, 현혹하여 권력쟁취에만 몰두하는 한국의 정치풍토에서 정부의 정책이 실효를 거두기는 매우 어렵다.

지금 우리의 정당들은 형식적으로는 이념을 표방하고 있

지만 자세히 들여다보면 모든 정책을 백화점식으로 나열하고 있는 '포괄정당(Catch-All Party)'의 속성을 벗어나지 못하고 있다. 이러한 현상은 어쩌면 후기 자본주의의 속성일 수도 있다. 초기 자본주의 체제에서는 사회적 계층이 자본가와 노동자 등으로 구별되어 있었기 때문에 정당의 이념성이 강조됐다. 그런데 현대의 다원화사회에서는 국민의 계층적 분포가 다양하고 추구하는 가치도 천차만별이다. 이에 따라 정당들은 한 표라도 더 많이 얻기 위해서 그들의 이념성을 퇴색시킨 채 수많은 정책을 백화점식으로 나열 할 수밖에 없게 된 것이다.

그러나 지금은 빈부격차라는 시장경제 체제의 모순이 절정인 상황을 맞이하고 있다. 따라서 각 정당이 이 모순의 해결을 위한 처방을 제시하는 정책 정당으로 변화해야 할 때가 온 것이다. 넓은 의미로 자유민주주의 체제를 지지하더라도, 내부적으로는 앞서 말한 바와 같은 세부적인 강조점을 제대로 이해하고 이에 따른 구체적인 정책을 제시해야 한다는 것이다.

지금 우리 사회의 가장 큰 정치·경제적 화두는 "빈부의 격차를 어떻게 줄일 것인가" 혹은 "다수를 차지하고 있는 가난한 자들의 상대적 빈곤감을 어떻게 해소할 것인가"라고 해도 과언은 아니다. 따라서 각 정당들은 이러한 문제의식을 가지고 시장경제 체제의 모순을 극복하고 더 나은 사회를 건설할 수 있는 정책들을 제시해야 한다.

말로는 서로가 국민을 위한 정책이라고 하면서 정책에 대한 합리적 토론보다는 무조건 상대정당을 비방하면서 정권쟁취에만 몰두하는 퇴행적 싸움을 이제는 그쳐야 한다. 정치적 논의가 합리성을 가지면 국민도 자연히 이성적인 입장에서 각 정당들의 정책을 살펴볼 것이다. 그중 어느 한 정당의 정책을 많은 국민들이 선택한다면 그 정당이 정권을 잡게 될 것이다. 그리고 그 정책이 실효를 거두지 못하면 국민은 다른 대안을 찾을 것이며 그때 또 다시 다수가 원하는 대안을 제시한 정당이 정권을 잡게 되는 것이다. 이러한 정치풍토가 자리할 때 우리 국민들은 더 나은 미래를 향한 꿈과 희망을 가지게 될 것이다.

나가며

    우리 사회는 압축성장의 과정에서 벌어진 특수한 한국적 상황과 시장경제 체제의 모순이 중첩되면서 나타난 극심한 빈부격차로 인해 몸살을 앓고 있다. 비합리적 노동시장의 구조로 인한 여러 부작용도 함께 경험하고 있다. 물론 이러한 문제들을 타개하기 위한 다양한 정책들이 나오고는 있지만 아직도 우리 가난한 사람들을 위로할 마땅한 대안은 나오지 않은 것 같아 안타까울 뿐이다. 특히 누구나 부를 부러워하고 동경하지만, 정작 부를 거머쥔 부자들은 미워하는 심리적 태도가 심각한 수준에 이르고 있다. 게다가 가난을 극복하기 위한 합리적 방법보다는 각종 퇴행적인 방법들이 성행하는 것 같아 마음이 몹시 무겁다.

하지만 우리는 많은 장점을 입증해온 시장경제 체제를 지금에 와서 포기할 수는 없을 것이다. 그렇다면 시장경제 체제의 장점을 살리고 단점을 해결할 수 있는 방안을 반드시 찾아야 한다. 이는 전 세계인이 공통으로 노력해야할 21세기의 시대적 과제이기도 하다.

우리나라의 경우 정권쟁취에만 혈안이 되어 서로 싸움질만하는 퇴행적 정치행태가 우선적으로 바뀌어야 한다. 그리고 재벌 기업들과 지도층들의 태도도 변해야 한다. 물론 정부 역시 보다 솔직한 입장에서 대다수의 서민들이 공감할 수 있는 다양한 정책들을 내놓아야 할 때가 되었다. 우리는 이러한 변화를 통해 시장경제 체제의 모순을 극복할 수 있는 대안을 찾음으로써 어려움에 처한 많은 사람들이 희망을 가지고 살아갈 수 있는 새로운 시대를 열어가야할 것이다.

참고자료

1 우리는 지금 어떤 시대에 살고 있는가

— OECD 발표 2012년 한국인 기대수명: 「의약뉴스」 2014년 12월 25일자 "의료 패러다임 변화"

— 2014년 통계청이 발표한 2013년 출생아들의 기대수명: 「대전일보」 2014년 12월 4일자 "한국인 기대수명 81.9년"

— 2014년 노인 인구 통계: 「머니투데이」 2014년 9월 29일자 "통계청, '2014 고령자 통계' 발표"

— 은퇴가구 63퍼센트 생활비 부족: 「머니투데이」 2014년 11월 24일자 "은퇴가구 63퍼센트 '생활비도 부족'……"

— 소득취약 노인 가구: 「뉴시스」 2014년 12월 7일자 "소득취약 노인 가구 7년 새 2배 증가"

— 한국 남성의 실질 은퇴시점: 「국민일보」 2014년 12월 12일자 "당신의 노후는 안녕하십니까?"

— 노인들의 사회적 고립도: 「경향신문」 2014년 12월 18일자 "노인 4명 중 1명 '사회적 고립'……"

— 은퇴자들의 노후생활 만족도: 「동아일보」 2014년 11월 12일자 "노후생활 만족도 미국인은 'B' 한국인은 'F'"

— 기술집약적 산업구조의 고용창출력 저하 관련 자료: 「매일노동뉴스」 2008년 2월 13일자 "제조업·서비스… 필요 인력 계속 줄어"

— 실제 실업률: 「헤럴드경제」 2014년 11월 12일자 "사실상 실업자 10퍼센트 넘었다…… 실질 실업자 300만 명 육박"

— 비정규직 통계: 「연합뉴스」 2014년 10월 28일자 "비정규직 600만 명 넘었다…… 정규직과 차별 확대돼"

— 통계에 잡히지 않은 비정규직 근로자 관련: 「조선일보」 2011년 10월 29일자 "대졸 비정규직 31퍼센트…… 1년 새 17만 8,000명 늘어"

— 일용근로자 수: 통계청이 2014년 11월 12일 홈페이지에 발표한 고용동향 참조할 것.

— 2014년 20대 실업률: 「한겨레」 2014년 11월 24일자 "다시 치솟은 20대 실업률, 빛이 안 보인다"

— 니트족 관련: 「서울신문」 2013년 12월 11일자 "7년간 청년 40만 명 줄었는데 청년 백수는 15만 명 늘어"

— 정규직과 비정규직 임금 격차: 「동아일보」 2014년 10월 28일자 "정규직·비정규직 임금 격차 두 배로 벌어져……"

— 3.5~4.2배에 달하는 임금 격차 관련: 「서울경제」 2014년 12월 25일자 "장그래와 장백기의 월급 차는 최대 4.2배"

— 중소기업 비정규직과 대기업 정규직의 임금 격차: 「세계일보」 2015년 2월 23일자 "中企 비정규직 임금, 대기업 정규직의 40퍼센트"

— 최저임금도 못 받는 근로자들 통계 관련: 「한겨레」 2014년 11월 18일자 "최저임금 못 받는 노동자 2년 새 57만 명 증가"

— IMF의 소득격차 인정에 대한 발표: 「서울신문」 2007년 10월 12일자 "IMF '세계화로 빈부격차 심화'"

— 중소기업의 부채 관련: 「한국일보」 2012년 6월 7일자 "양극화 원인은 대기업 탐욕 아닌 중소기업 부채 때문"

— 토마 피케티 관련 내용:『21세기 자본(*Capital in the Twenty-First Century*)』(토마 피케티 저, 장영덕 옮김, 이강수 감수, 글항아리, 2014) 참고. 기타 간단한 설명은 「조선일보」 2014년 9월 21일자 "피케티의『21세기 자본』", 토마 피케티 이론의 반박에 대해서는 「위키트리」 2014년 7월 1일자 "피케티 자본론을 향한 올바른 시각은 무엇인가?"와 「조선일보」 2014년 9월 21일자 "피케티의『21세기 자본』바로 읽기" 참조할 것.

— 2011년 말 OECD가 발표한 상위층과 하위층의 소득 격차 관련: 「조선일보」 2011년 12월 7일자 "상위 10퍼센트가 하위 10퍼센트보다 10배 더 많은 소득 올려…… 칠레·멕시코 최고 25배 차이"

— 4대 기업의 매출 관련:「조선일보」 2012년 1월 29일자 "정운찬, '이건희, 딸 손 잡고 나타난 모습 보면 어떤가' 질문에……"

— 2대 기업의 매출액 관련:「서울신문」 2014년 1월 13일자 "삼성·현대차 그룹이 한국 경제의 3분의 1 차지"

— 제조업의 경우 상위 10대 기업 매출 비중:「서울신문」 2014년 9월 30일자 "한국 경제 매출액 중 대기업 비중 30퍼센트 달해"

— 한국 10대 기업 시가총액:「서울신문」 2012년 2월 6일자 "재벌 경제독점 사상 최고…… 창의·다양성 위축 우려"

— 10대 재벌 기업의 토지 소유 관련: 경향신문 2014년 9월 14일자 "10대 재벌 소유 땅 여의도의 62배"

— CEO스코어의 2008~2012년 한국 경제 지표:「서울신문」 2014년 1월 13일자 "삼성·현대차 그룹이 한국 경제의 3분의 1 차지……"

— 상위 1퍼센트가 차지하는 전체 국민소득과 소득세의 비율:「중앙일보」 2012년 4월 23일자 "'전 국민 소득 6분의 1' 상위 1퍼센트 수입 보니"

— 상위 18퍼센트 근로자가 내는 소득세의 비율:「연합뉴스」2011년 5월 8일자 "상위 18퍼센트 근로자가 낸 소득세, 전체의 92퍼센트"

— 파레토가 주장한 '2080'이란 용어의 의미: '전체 결과의 80퍼센트는 전체 원인 중 20퍼센트에서 비롯됐다'는 뜻. 이를 국민소득에 적용하면 인구의 20퍼센트가 국민 총 소득의 80퍼센트를 차지하고 인구의 80퍼센트는 전 국가 소득의 20퍼센트만 차지하는 것을 의미함.

2 부와 빈의 구조적 변화

— 「전자신문」의 한국 사회 시대별 직업군의 분류 관련: 「전자신문」 2002년 9월 16일자 "새로운 20년 미래 직업의 세계(1)"

— 새마을운동 관련: 포털 사이트 다음(daum) 브리태니커 검색어 '새마을운동' 참조할 것.

— 월남전 관련: 「한겨레」 2014년 11월 14일자 "박태균의 베트남전쟁: 쏟아지는 외화 입을 다물지 못하다" 참조할 것.

— 파독광부·간호사 관련: 「뉴시스」 2014년 3월 29일자 "朴대통령, 파독 광부·간호사 만나…… 나라 종잣돈 만들어준 분들", 포털 사이트 네이버(naver) 지식백과의 검색어 '파독 광부' '파독 간호사' 참조할 것.

— 중동 건설 인력 파견 관련: 「헤럴드경제」 2012년 6월 29일자 70~80년대 중동 건설 수주", 개인 블로그(blog.naver.com/phu73/130033677447) "오일쇼크와 중동 진출" 참조할 것.

— 통일벼 보급 관련: 「농민신문」 2014년 9월 17일자 "통일벼 보급·종자 개발…… '배고픔 해소하고 미래농업 개척'"

— 경제개발 5개년계획 관련: 포털 사이트 다음(daum) 브리태니커 검색어 '경제개발 5개년계획' 참조할 것.

— 한국의 자동차 대수 관련: 한국자동차산업협회 홈페이지 참조할 것.

— 한국 전화기 관련 정보는 개인 블로그(blog.daum.net/kcc1335/4739) 참조할 것.

— 한국의 1인당 국민소득 관련: 한국은행 통계자료 참조할 것.

— 1961년부터 2008년까지의 한국 수출통계: 「헤럴드경제」 2013년

11월 29일자 '위크엔드' 시리즈 중 특히 "2013년 대한민국, '수출 3.0'을 논하다", 한국무역협회 홈페이지 Focus 2008년 12월 8일 글 참조할 것.

— 한국의 외환위기 관련:『외환위기 10년: 한국금융의 변화와 전망』(김인준·이창용 저, 서울대출판부, 2008),『한국의 외환위기』(이규성, 박영사, 2006),『경제위기: 원인과 발생과정』(이종규, 한국은행 특별연구실, 2000),『한국의 금융·외환위기와 IMF』(이종욱 외 저, 서경문사, 1998),『외환위기 이후 금융 및 기업 구조조정에 대한 평가와 향후과제』(허재성·유혜미, 한국은행, 2002) 참조할 것.

— 외환위기 당시 대우그룹의 부채 관련:『위기를 쏘다』(이헌재, 중앙북스, 2012) 참조할 것.

— 1997년 외환위기 당시 신용불량자의 수: MBC 2013년 5월 21일 정오뉴스, 미디어다음의 "1997년 '외환위기' 당시 신용불량자 11만 명 구제" 기사 참조할 것.

— '금 모으기 운동' 관련: 대통령 소속 국민대통합위원회 블로그(blog. naver.com/pcnc11/220151409201), 개인 블로그(pjk8280.blog. me/120190940838) "1998년 외환위기 때 모은 금의 총 무게는?" 참조할 것.

— IMF 구제금융의 상환과 상환 후 외화 보유액 관련: 한국민족문화 대백과, '외환위기' 항목, 포털 사이트 네이버(naver) 지식백과(두산백과) 검색어 '외환위기' 참조할 것.

— 2002년 카드 대란 관련:「조선일보」2012년 2월 2일자 "카드 대란 (2002년) 때보다 2,000만 장 더 뿌렸다",「한국일보」2014년 3월 19일자 "'규제 개혁' 카드 대란·신용불량자 홍수 부른 '탈규제'"

— 네트워크 마케팅 현황: 블로그(blog.naver.com/miero 2580

/110182227463) 참조할 것.

— 2002~2005년의 소비 심리와 경기:「헤럴드경제」2006년 6월 2일
자 "AGAIN 2002는 피해야한다"

— 2008년 고용지표에 따른 대졸자 취업 관련:「매일경제」2008년
12월 9일자 "한국도 이제 취업 포기시대 접어드나"

— 통계청 발표 2014년 고용현황 관련: 2014년 11월 12일 고용 동향
참조할 것.

— 최저임금도 못 버는 자영업자 관련:「중앙일보」2014년 9월 30일
"최저임금도 못 버는 무늬만 사장인 자영업자 142만 명",「한국경
제」2014년 9월 23, 27일자 "침몰하는 자영업, 탈출구를 찾아라"
참조할 것.

— 한국 가구의 평균 부채와 30대와 60대 취약계층 부채 증가 관련:
「경제투데이」2014년 11월 14일자 "30대·60대 취약계층 부채 가
파른 상승…… 생활고로 빚 늘려"

— 하위 20퍼센트에 속하는 계층 관련:「연합뉴스」2014년 11월 27일
자 "파산으로 내몰리는 한계 계층 늘어난다"

3 부와 빈의 심리적 변화

— 한국인의 한(恨) 관련:『심리학 한국인을 만나다』(김용신, 시담, 2010) 113~133쪽 참조할 것.

— 고은 시인의 시:『한국인의 심리에 관한 보고서(*Korean Values of Age of Globalization*)』(C. 프레드 앨퍼드 저, 남경태 옮김, 그린비, 2000) 134쪽에서 재인용. 본 내용을 수록한 시집은『나의 파도소리』(고은, 나남, 1987) 참조할 것.

— 항상성 원리:『*Beyond Pleasure Principle*』(Sigmund Freud, W. W. Norton & Co., 1961)『*Object Relations in Psychoanalytic Theory*』(Jay R. Greenberg and Stephen A. Mitchell, Harvard University Press, 1983) pp.25~28 참조할 것.

— 나르시시즘:『*Narcissism*』(Fred Alford, Yale Univ. Press, 1988) p.25,『인문학 카페 인생강의(김용신 외 저, 글담, 2013)』중 김용신의「프로이트 우리를 구해줘」161~162쪽 참조할 것.

— '우리'라는 개념과 응집력 그리고 '신바람' 관련:『심리학 한국인을 만나다』(김용신, 시담, 2010) 137~159쪽, 한국인의 목적 중심적 퇴행성과 관련해서는 같은 책 61~82쪽 참조할 것.

— 크리스토퍼 래시의 자아도취주의 문화 관련:『*Culture of Narcissism*』(Christopher Lasch, Warner Books, 1979),『문명비판 I: 정치철학과 정신분석학의 만남』(김용신, 명상, 2000) 85~88쪽 참조할 것.

— 2014년도 3분기 실질 국민소득의 증가 관련:「서울신문」2014년 12월 5일자 "연일 맹추위, 가계소득 '뚝'……"

— '헬프에이지 인터내셔널'의 발표 관련:「연합뉴스」2014년 10월 1일자 "한국 노인복지 수준 96개국 중 50위……"

— 재벌 가족 임원 승진 관련:「헤럴드경제」2012년 9월 13일자 "재벌 가족 임원까지 6년, 일반 대졸사원보다 15년 빨라",「동아일보」2015년 2월 2일자 "재벌 3세 입사 3.5년 만에 임원…… 직장인 '고속 승진' 현실은?"

— 재벌 3~4세의 문제점 관련:「연합뉴스」2014년 12월 18일자 "전문가들이 지적하는 재벌 3·4세들의 6가지 문제점"

— 고액 상습 세금체납자 공개 관련:「세계일보」2014년 12월 16일 "고액 상습체납 80명…… 1인당 평균 21억 원"

— BBC의 경제적 불공정에 대한 설문 조사:「연합뉴스」2012년 4월 26일자 "'한국인 80퍼센트, 경제적으로 불공정'……", 추가적으로 『정의란 무엇인가(Justice: What's The Right Thing To Do)』(마이클 샌델 저, 김명철 옮김, 와이즈베리, 2014) 참조할 것.

4 가난을 벗어나기 위한 심리적 대응

— 사회·경제적 조건과 학업성취도의 관계:「한겨레」2011년 4월 10일자 "'학업성취도 양극화' 9년 새 더 커졌다", 2012년 3월 2일 자 "서울·연세·고려대생 35퍼센트가 '상위 10퍼센트 자녀'"

— 개천에서 용이 나지 않는 현실에 대한 조사:「한국일보」2011년 5월 24일자 "국민70퍼센트 '더 이상 개천의 용은 없다'……"

— 10억이면 위법 행위도 불사한다는 설문조사 관련:「한국일보」 2014년 10월 27일자 "4명 중 1명 '10억 원 주면 위법 행위하겠다'"

— 정신분석학의 방어기제 관련:『나는 누구인가: 일반인을 위한 정신 분석학』(김용신, 살림, 2013) 80~90쪽, 투사에 관련해서는 같은 책 81쪽 참조할 것.

— 지그문트 프로이트의 심리구조 관련:『*Standard Edition of the Complete Psychological Works of Sigmund Freud* (SE)』(Sigmund Freud, Hogarth Press, 1953~1974) Vol. XIX「*The Ego and the Id*」pp.13~68 참조할 것.

— 프로이트의『집단 심리와 자아의 분석』관련:『*Group Psychology and the Analysis of the Ego*』(Sigmund Freud, W. W. Norton & Co., 1959) 참조할 것.

— 홀이 해석한 자아이상 개념 관련:『*A Premier of Freudian Psychology*』 (Calvin Hall, The World Publishing Co., 1954) 참조할 것.

— 알렉산더 미처리히가 설명한 자아이상 관련:『*Society without Father*』 (Alexander Mitscherlich, A Hellen and Kurt Wolff Book, Harcout, Brace & World, Inc. 1963) 참조할 것.

— 사스게 스미겔이 설명한 자아이상 관련:『*The Ego Ideal*』(Janine

Chasseguet-Smirgel, W. W. Norton Co., 1975), 『*The Psychoanalytic Quarterly*』, Vol. 45 「Some Thoughts on the Ego Ideal: A Contribution to the Study of the 'Illness of Ideality'」 pp.345~373 참조할 것.

— 자아이상의 발전방향: 『*The Ego Ideal, Ideology, and Hallucination*』 (Yong Shin Kim, University Press of America, 1992) pp.43~61 참조할 것.

— 정신분석학의 흐름, 프로이트의 사랑과 죽음의 본능 개념 관련: 『나는 누구인가: 일반인을 위한 정신분석학』(김용신, 살림, 2013) 3~16쪽 참조할 것.

— 보수와 진보에 대한 정신분석적 해석: 『보수와 진보의 정신분석』 (김용신, 살림, 2008) 8~21쪽 참조할 것.

— 한국 사회의 자살률 관련: 「스포츠동아」 2014년 9월 23일자 "한국인 자살률 OECD 최고……"

— 우리나라 50대의 자살률 관련: 「서울신문」 2014년 9월 24일자 "'고달픈 50대' 자살률 급증"

— 서울시민 자살률 관련: 「연합뉴스」 2014년 11월 26일자 "서울시, 지난해 10~30대 사망 원인 1위는 '자살'"

— 한국의 성인 우울증 관련: 「동아일보」 2014년 9월 15일자 "'우울' 한국…… 성인 8명 중 1명 우울증, 女 17퍼센트로 男 9퍼센트의 2배" 참조할 것.

5 우리는 이제 어느 방향으로 가야 하는가

— 마이클 샌델이 편집한 『자유주의와 그 비평』 관련: 『*Liberalism and Its Critics*』(Michael Sandel, ed., New York Univ. Press, 1984) pp.1~11 참조할 것.

— 한나 아렌트의 공익 강조 관련: 『*The Human Condition*』(Hannah Arendt, Chicago Univ. Press, 1958) pp.22~78 참조할 것.

— '리버테리언(Libertarian)'과 '리버럴(Liberal)' 관련: 『신동아』 2009년 4월호 "보수·진보의 정치철학적 분석"(김용신) 136~141쪽 참조할 것.

— 하이에크와 케인스 그리고 프리드먼의 정보 관련: 구글(Google), 위키피디아(Wikipedia) 참조할 것.

— 기든스의 『제3의 길』 관련: 『*The Third Way; The Renewal of Social Democracy*』(Anthony Giddens, Polity Press, 1998) 참조할 것.

— 토마스 쿤의 이론 관련: 『*The Structure of Scientific Revolutions*』(Thomas Kuhn, Chicago Univ. Press, 1962) pp.29~33 참조할 것.

— 파이어아벤트의 이론 관련: 『*Against Method*』(Paul Feyerabend, The Thetford Press Ltd., 1975), 『문명비판 I: 정치철학과 정신분석학의 만남』(김용신, 명상, 2000) 34~40쪽 참조할 것.

— 한겨레사회정책연구소가 실시한 한국인이 바라는 사회에 대한 설문조사: 「한겨레」 2015년 1월 1일자 "새해, 여러분은 어떤 사회를 바라시나요?" 참조할 것.

— 대기업의 고용효과 미비 관련: 「서울신문」 2014년 9월 30일자 "한국 경제 매출액 중 대기업 비중 30퍼센트 달해"

— 사회적 책임을 다하는 회사 관련:「연합뉴스」2015년 1월 5일자 "대학생 10명 중 7명 '사회적 책임 다하는 기업제품 비싸도 사겠다'"

— 노동시장의 개선 관련:「조선일보」2014년 11월 27일자 "3명중 1명 非정규직…… '勞動개혁' 칼 뺀 정부", 2014년 12월 23일자 "'2015 경제정책' 정규·비정규직 간 임금·근로시간 차별 완화…… 해고 요건도 구체화한다",「중앙일보」2014년 12월 10일자 "우리나라 정규직은 과보호되고 있는가?", 2014년 12월 23일자 "비정규직 4년으로 늘린다",「뉴시스」2014년 12월 1일자 "중규직 도입 검토, 野 '미생 양산하는 꼼수'",「한국일보」2014년 12월 23일자 "2015 경제정책 방향-'구조개혁' 노동, 정규직↔비정규직 이동 자유롭게……",「아시아경제」2014년 12월 30일자 "비정규직 종합대책 발표",「매일경제」2014년 12월 4일자 "저성장·고령화…… 고용시스템 달라져야 노동 분야 학계 원로들, 노·사·정 대타협 촉구"

— 일용근로자 구인구직센터 설립 필요성 관련: 김용신, "새벽 인력시장 일용근로자 지원 방안,"대통령 소속 사회통합위원회 주최,『사회·경제적 취약계층 지원방안』정책토론회 자료집(김용신, 2012년 11월 14일) 65~83쪽 참조할 것.

— 국회 계류 중인 근로기준법 개정과 근로조건 개선을 위한 법률안 관련:「국민일보」2014년 12월 22일자 "'노동시장 개혁 논란' 최저임금·연차휴가…… 있는 法도 안 지킨다"

— 데이비드 이스턴의 체계 이론 관련:『The Political System. An Inquiry into the State of Political Science』(David Easton, Knopf, 1953),『A Framework for Political Analysis』(David Easton, Prentice-Hall International, Inc., 1965) 참조할 것.

— 한국 정당들의 문제점 관련:『보수와 진보의 정신분석』(김용신, 살림, 2008) 46~52쪽 참조할 것.

한국 사회 빈부의식은 어떻게 변했는가

— 부와 빈의 정신분석

펴낸날	초판 1쇄 2015년 4월 10일

지은이	김용신
펴낸이	심만수
펴낸곳	(주)살림출판사
출판등록	1989년 11월 1일 제9-210호

주소	경기도 파주시 광인사길 30
전화	031-955-1350 팩스 031-624-1356
기획·편집	031-955-1365
홈페이지	http://www.sallimbooks.com
이메일	book@sallimbooks.com

ISBN	978-89-522-3113-0 04080

이 도서의 국립중앙도서관 출판시도서목록(CIP)은 서지정보유통지원시스템 홈페이지
(http://seoji.nl.go.kr)와 국가자료공동목록시스템(http://www.nl.go.kr/kolisnet)에서
이용하실 수 있습니다.(CIP제어번호: CIP2015009425)

책임편집·교정교열 : 홍성빈

089 커피 이야기

`eBook`

김성윤(조선일보 기자)

커피는 일상을 영위하는 데 꼭 필요한 현대인의 생필품이 되어 버렸다. 중독성 있는 향, 마실수록 감미로운 쓴맛, 각성효과, 마음의 평화까지 제공하는 커피. 이 책에서 저자는 커피의 발견에 얽힌 이야기를 통해 그 기원을 설명한다. 커피의 문화사뿐만 아니라 커피에 대한 일반적인 정보 및 오해에 대해서도 쉽고 재미있게 소개한다.

021 색채의 상징, 색채의 심리

박영수(테마역사문화연구원 원장)

색채의 상징을 과학적으로 설명한 책. 색채의 이면에 숨어 있는 과학적 원리를 깨우쳐 주고 색채가 인간의 심리에 어떤 작용을 하는지를 여러 가지 분야의 사례를 통해 설명한다. 저자는 색에는 나름대로의 독특한 상징이 숨어 있으며, 성격에 따라 선호하는 색채도 다르다고 말한다.

001 미국의 좌파와 우파

`eBook`

이주영(건국대 사학과 명예교수)

진보와 보수 세력의 변천사를 통해 미국의 정치와 사회 그리고 문화가 어떻게 형성되고 변해왔는지를 추적한 책. 건국 초기의 자유방임주의가 경제위기의 상황에서 진보-좌파 세력의 득세로 이어진 과정, 민주당과 공화당의 대립과 갈등, '제2의 미국혁명'으로 일컬어지는 극우파의 성장 배경 등이 자연스럽게 서술된다.

002 미국의 정체성 10가지 코드로 미국을 말하다

`eBook`

김형인(한국외대 연구교수)

개인주의, 자유의 예찬, 평등주의, 법치주의, 다문화주의, 청교도 정신, 개척 정신, 실용주의, 과학·기술에 대한 신뢰, 미래지향성과 직설적 표현 등 10가지 코드를 통해 미국인의 정체성과 신념을 추적한 책. 미국인의 가치관과 정신이 어떠한 과정을 통해서 형성되고 변천되어 왔는지를 보여 준다.

058 중국의 문화코드

강진석(한국외대 연구교수)

중국의 핵심적인 문화코드를 통해 중국인의 과거와 현재, 문명의 형성 배경과 다양한 문화 양상을 조명한 책. 이 책은 중국인의 대표적인 기질이 어떠한 역사적 맥락에서 형성되었는지 주목한다. 또한, 구체적이고 실제적인 여러 사물과 사례를 중심으로 중국인의 사유방식에 대해 설명해 주고 있다.

057 중국의 정체성　　eBook

강준영(한국외대 중국어과 교수)

중국, 중국인을 우리는 과연 어떻게 이해해야 하나? 우리 겨레의 역사와 직 · 간접적으로 끊임없이 영향을 주고받은 중국, 그러면서도 아직까지 그들의 속내를 자신 있게 말할 수 없는, 한편으로는 신비스럽고, 한편으로는 종잡을 수 없는 중국인에 대한 정체성을 명쾌하게 정리한 책.

015 오리엔탈리즘의 역사　　eBook

정진농(부산대 영문과 교수)

동양인에 대한 서양인의 오만한 사고와 의식에 준엄한 항의를 했던 에드워드 사이드의 오리엔탈리즘. 이 책은 에드워드 사이드의 이론 해설에 머무르지 않고 진정한 오리엔탈리즘의 출발점과 그 과정, 그리고 현재와 미래의 조망까지 아우른다. 또한 오리엔탈리즘이 사이드가 발굴해 낸 새로운 개념이 결코 아님을 역설한다.

186 일본의 정체성　　eBook

김필동(세명대 일어일문학과 교수)

일본인의 의식세계와 오늘의 일본을 만든 정신과 문화 등을 소개한 책. 일본인을 지배하는 이데올로기는 무엇이고 어떤 특징을 가지는지, 일본을 주목해야 하는 이유는 무엇인지 등이 서술된다. 일본인 행동양식의 특징과 토착적인 사상, 일본사회의 문화적 전통의 실체에 대한 분석을 통해 일본의 정체성을 체계적으로 살펴보고 있다.

261 노블레스 오블리주 세상을 비추는 기부의 역사

예종석(한양대 경영학과 교수)

프랑스어로 '높은 사회적 신분에 상응하는 도덕적 의무'를 뜻하는 노블레스 오블리주. 고대 그리스부터 현대까지 이어지고 있는 노블레스 오블리주의 역사 및 미국과 우리나라의 기부 문화를 살펴보고, 새로운 시대정신으로 노블레스 오블리주를 부활시킬 수 있는 가능성을 모색해 본다.

396 치명적인 금융위기, 왜 유독 대한민국인가 `eBook`

오형규(한국경제신문 논설위원)

이 책은 전 세계적인 금융 리스크의 증가 현상을 살펴보는 동시에 유달리 위기에 취약한 대한민국 경제의 문제를 진단한다. 금융안정망 구축 방안과 같은 실용적인 경제정책에서부터 개개인이 기억해야 할 대비법까지 제시해 주는 이 책을 통해 현대사회의 뉴노멀이 되어 버린 금융위기에서 살아남는 방법을 확인해 보자.

400 불안사회 대한민국, 복지가 해답인가 `eBook`

신광영(중앙대 사회학과 교수)

대한민국 사회의 미래를 위해서 복지는 선택이 아니라 필수라고 말하는 책. 이를 위해 경제 위기, 사회해체, 저출산 고령화, 공동체 붕괴 등 불안사회 대한민국이 안고 있는 수많은 리스크를 진단한다. 저자는 사회적 위험에 대응하기 위한 복지 제도야말로 국민 모두의 삶의 질을 높일 수 있는 길이라는 것을 역설한다.

380 기후변화 이야기 `eBook`

이유진(녹색연합 기후에너지 정책위원)

이 책은 기후변화라는 위기의 시대를 살면서 우리가 알아야 할 기본지식을 소개한다. 저자는 기후변화와 관련된 핵심 쟁점들을 모두 정리하는 동시에 우리가 행동해야 할 실천적인 대안을 제시한다. 이를 통해 독자들은 기후변화 시대를 사는 우리가 무엇을 해야 할 것인지에 대하여 생각해 볼 수 있을 것이다.

사회·문화

eBook 표시가 되어있는 도서는 전자책으로 구매가 가능합니다.

001 미국의 좌파와 우파 | 이주영
002 미국의 정체성 | 김형인 eBook
003 마이너리티 역사 | 손영호
004 두 얼굴을 가진 하나님 | 김형인
005 MD | 정욱식 eBook
006 반미 | 김진웅
007 영화로 보는 미국 | 김성곤 eBook
008 미국 뒤집어보기 | 장석정
009 미국 문화지도 | 장석정
010 미국 메모랜덤 | 최성일
015 오리엔탈리즘의 역사 | 정진농 eBook
021 색채의 상징 색채의 심리 | 박영수
028 조폭의 계보 | 방성수
037 마피아의 계보 | 안혁
039 유대인 | 정성호 eBook
048 르 몽드 | 최연구 eBook
057 중국의 정체성 | 강준영 eBook
068 중국의 문화코드 | 강진석
060 화교 | 정성호 eBook
061 중국의의 금기 | 장범성
077 21세기 한국의 문화혁명 | 이정덕 eBook
078 사건으로 보는 한국의 정치변동 | 양길현 eBook
079 미국을 만든 사상들 | 정경희 eBook
080 한반도 시나리오 | 정욱식 eBook
081 미국인의 발견 | 우수근
083 법으로 보는 미국 | 채동배
084 미국 여성사 | 이창신 eBook
089 커피 이야기 | 김성윤 eBook
090 축구의 문화사 | 이은호
098 프랑스 문화와 상상력 | 박기현 eBook
119 올림픽의 숨은 이야기 | 장원재
136 학계의 금기를 찾아서 | 강성민 eBook
137 미·중·일 새로운 패권전략 | 우수근
142 크리스마스 | 이영제
160 지중해학 | 박상진
161 동북아시아 비핵지대 | 이삼성 외
186 일본의 정체성 | 김필동 eBook
190 한국과 일본 | 하우봉 eBook
217 문화콘텐츠란 무엇인가 | 최연구 eBook
222 자살 | 이진홍 eBook
223 성 억압과 진보의 역사 | 윤가현 eBook
224 아파트의 문화사 | 박철수 eBook
227 한국 축구 발전사 | 김성원 eBook
228 월드컵의 위대한 전설들 | 서준형
229 월드컵의 강국들 | 심재희

231 일본의 이중권력 쇼군과 천황 | 다카시로 고이치
235 20대의 정체성 | 정성호 eBook
236 중년의 사회학 | 정성호 eBook
237 인권 | 차병직 eBook
238 헌법재판 이야기 | 오호택 eBook
248 탈식민주의에 대한 성찰 | 박종성 eBook
261 노블레스 오블리주 | 예종석
262 미국인의 탄생 | 김진웅
279 한국인의 관계심리학 | 권수영
282 사르트르와 보부아르의 계약결혼 | 변광배 eBook
284 동유럽의 민족 분쟁 | 김철민
288 한미 FTA 후 작업의 미래 | 김준송 eBook
299 이케다 하야토 | 권혁기 eBook
300 박정희 | 김성진 eBook
301 리콴유 | 김성진 eBook
302 덩샤오핑 | 박형기 eBook
303 마거릿 대처 | 박동운 eBook
304 로널드 레이건 | 김형곤 eBook
305 셰이크 모하메드 | 최진영
306 유엔사무총장 | 김정태
312 글로벌 리더 | 백형찬
320 대통령의 탄생 | 조지형
321 대통령의 퇴임 이후 | 김형곤
322 미국의 대통령 선거 | 윤용희
323 프랑스 대통령 이야기 | 최연구
328 베이징 | 조창완
329 상하이 | 김윤희
330 홍콩 | 유영하
331 중화경제의 리더들 | 박형기
332 중국의 엘리트 | 주장환
333 중국의 소수민족 | 정재남
334 중국을 이해하는 9가지 관점 | 우수근
344 보수와 진보의 정신분석 | 김용신
345 저작권 | 김기태
357 미국의 총기 문화 | 손영호
358 표트르 대제 | 박지배
359 조지 워싱턴 | 김형곤
360 나폴레옹 | 서정복
361 비스마르크 | 김장수
362 모택동 | 김승일
363 러시아의 정체성 | 기연수
364 너는 사장 위협한 로봇이다 | 오은
365 발레리나를 꿈꾼 로봇 | 김선혁
366 로봇 선생님 가라사대 | 안동근
367 로봇 디자인의 숨겨진 규칙 | 구신애

368 로봇을 향한 열정, 일본 애니메이션 | 안병욱
378 데킬라 이야기 | 최명호
380 기후변화 이야기 | 이유진 eBook
385 이슬람 율법 | 공일주 eBook
390 법원 이야기 | 오호택 eBook
391 명예훼손이란 무엇인가 | 안상운
392 사법권의 독립 | 조지형
393 피해자학 강의 | 장규원 eBook
394 정보공개란 무엇인가 | 안상운 eBook
396 치명적인 금융위기,
     왜 유독 대한민국인가 | 오형규 eBook
397 지방자치단체, 돈이 새고 있다 | 최인욱 eBook
398 스마트 위험사회가 온다 | 민경식 eBook
399 한반도 대재앙, 대책은 있는가 | 이정직 eBook
400 불안사회 대한민국,
     복지가 해답인가 | 신광영 eBook
401 21세기 대한민국 대외전략:
     낭만적 평화란 없다 | 김기수 eBook
402 보이지 않는 위협 북한주의 | 류현수 eBook
403 우리 헌법 이야기 | 오호택 eBook
405 문화생활과 문화주택 | 김용범 eBook
406 미래 주거의 대안 | 김세용·이재준 eBook
407 개방과 폐쇄의 딜레마,
     북한의 이중적 경제 | 남성욱·정유석 eBook
408 연극과 영화를 통해 본 북한사회 | 민병욱 eBook
409 먹기 위한 개방, 살기 위한 핵외교
     | 김계동 eBook
410 북한 정권 붕괴 가능성과 대비 | 전경주 eBook
411 북한을 움직이는 힘, 군부의 패권경쟁
     | 이영훈 eBook
412 인민의 천국에서 벌어지는 인권유린
     | 허만호 eBook
428 역사로 본 중국음식 | 신계숙 eBook
429 일본요리의 역사 | 박병학 eBook
430 한국의 음식문화 | 도현신 eBook
431 프랑스 음식문화 | 민혜련 eBook
438 개헌 이야기 | 오호택
443 국제 난민 이야기 | 김철민
447 브랜드를 알면 자동차가 보인다 | 김흥식 eBook
473 NLL을 말하다 | 이상철 eBook

(주)살림출판사
www.sallimbooks.com
주소 경기도 파주시 문발동 522-1 | 전화 031-955-1350 | 팩스 031-955-1355